Fr. Manuel Uña Fernández, OP

Regálanos tu palabra

La voz de un Sembrador

Colección Exit narrativa
© de los textos: Fr. Manuel Uña Fernández, OP
© Diseño y maquetación de portada e interior: Exit editorial
© de la presente edición: Exit editorial

ISBN: 979-13-990585-4-3
Depósito legal: M-22473-2025
Primera edición: octubre 2025

BLB CONSULTORES REGISTRALES E HIPOTECARIOS S.L.
Calle Chopos, 31, 28221 Majadahonda
B86927563
Página Web: www.exitcomunicacion.es
Email: comunicacion@exitcomunicacion.com
Teléfono: 616985408 / 673161172

Impreso en España

Dedicatoria

Para todos los que han compartido conmigo la búsqueda del bien y de la verdad, en las dos orillas del mundo.

Índice

Prólogo

Querido tío, nuevamente nos encontramos en las páginas de un libro. Si hace un par de años, con motivo de tus ochenta y ocho, te sorprendimos con una recopilación de textos que muchas personas escribieron para ti, hoy con motivo de los noventa, queremos hacer lo contrario. Deseamos regalar una recopilación de tus textos para estas mismas personas. Es una bella y útil actividad hacer memoria, para que nada se pierda con el paso del tiempo y los años.

No olvidamos aquello que sigue vivo en nosotros, porque lo mantenemos presente en el corazón y en la memoria. Haciendo un esfuerzo gratificante, porque nada se hace por casualidad, y todo lo que perdura requiere de constancia, paciencia y cuidado.

Estos últimos años han sido un regalo para ti y para nosotros. Después del viaje de regreso de Cuba a España, te hemos visto nacer y renacer varias veces. La primera vez recién llegado, cuando la enfermedad te frenó en seco. Un poco más tarde, en las diversas crisis de salud de las que has salido sano de cuerpo y sano de mente. Activo, entregado, dispuesto a aprender y practicar.

Verte con tu cuaderno en la mano es para nosotros una alegría. Sabemos de tu determinación, de tu gusto por recordar acontecimientos, haciendo memoria de personas y de lo que ellas y sus cosas han significado.

Eres cercano y conciso en la escritura, y tu mirada poética colorea el mundo. Creo que no es por casualidad, Zamora es tierra de poetas. Tal vez por los cielos azules y estrellados, o por sus riveras fértiles que conviven con una tierra seca y adusta. Te has impregnado a fondo de cada suceso y lo has convertido en "pan" para los que te rodean. El pan de la palabra amasada con cariño, para que sea alimento del espíritu.

Durante este verano trabajaremos para hacer del presente libro un testimonio de tu forma de ser y estar en el mundo. Hoy, con motivo de tu cumpleaños, te llegará a ti el primer ejemplar, para que lo disfrutes, lo leas y lo trabajes. Juntos vamos a pensar si quitar o añadir. Hay que saber podar sabiamente, como tantas veces habrás visto hacer a nuestro querido abuelo Francisco.

Esto es un pequeño adelanto, para que te llegue a tiempo de un aniversario tan digno de celebración. Llegar a tus noventa años pleno de facultades, vivo, activo, esperanzado, ilusionado y con tu cuaderno en la mano es el mejor testimonio que nos puedes brindar. Viendo se aprende a hacer, como tantas veces nos has dicho. Estamos aprendiendo que nunca hay que rendirse, que siempre puede amanecer un nuevo día, que las puertas no deben cerrarse antes de tiempo y que hay que saber aceptar el momento presente abrazando la realidad con las dos manos. Ya vemos que las cosas buenas y las personas buenas, ni se pierden ni se olvidan.

Dentro de poco, leyendo este libro, te conoceremos y comprenderemos mejor. En pleno Jubileo de La Esperanza abrimos nuestro corazón y damos gracias por tu vida.

Con todo nuestro cariño de familia.

Rosa María Martínez Uña

1. REGÁLANOS LA MEMORIA

Hace unos años, durante mi estancia en La Habana, se acercaban algunas personas al convento de San Juan de Letrán en busca de un libro escrito por Mariola López Villanueva: "Regalarnos una tarde".

En estos momentos, me encuentro no en el Nuevo sino en el Viejo Mundo, y dispongo no de una tarde sino de muchas tardes.

Soy consciente de que he comenzado una etapa nueva en mi largo camino. Un tiempo preciso y precioso, sin ocupaciones ni preocupaciones que me distraigan de lo principal. Ha sonado la hora de dejar de trabajar por el Señor, para dejarme trabajar por Él.

Ante mí se abren horizontes insospechados, porque la vida no tiene por qué perder su sentido con los años.

Hace unos días leí una frase que tomo prestada, con permiso presunto de su autor, Albert Schweitzer:

"Nadie envejece porque tenga muchos años. Solo se envejece cuando se dice adiós a los ideales. Los años arrugan la piel, pero renunciar al entusiasmo arruga el alma. Eres tan joven como tu confianza, tan viejo como tu duda, tan joven como tu esperanza, tan viejo como tu desaliento. Mientras la belleza, la alegría, la audacia, la grandeza y lo infinito estén en tu corazón, serás joven"[1].

Recuerdo lo que hace siglos escribió San Agustín aludiendo que el tiempo solo tiene una realidad que se manifiesta de tres formas diferentes: la memoria, la contemplación y la esperanza. Éstas son sus palabras:

---

[1] En línea: <https://www.religiondigital.org/nido_de_poesia/mayores-poesia-ARBOLES-VIEJOS-ACOGEDORES_7_1670302977.html> [Consulta: 1 de marzo de 2023].

"Quizás sea exacto decir que los tiempos son tres: presente del pasado, presente del presente y presente del futuro"[2].

LA MEMORIA: Presente del Pasado

"El hombre ha nacido para recordar", es una frase que compendia la perspectiva humanista de Heinrich Böll. Y recordar es volver a pasar por el corazón la vida. Es para mí una gracia a los ochenta y nueve años conservar la memoria, en ella puedo zambullirme no para añorar tiempos pasados, sino para agradecer tanta bondad y confianza recibidas.

Asomarme al ayer me ayuda a descubrir el hilo conductor de mi existencia. La muerte prematura de Santos, el hermano que nació antes que yo, me hace intuir que fui un hijo muy deseado. ¡Con cuánto cariño me fueron moldeando mis padres y abuelos! Supieron educarme en los valores humanos, en la fe y, en su momento me dejaron libre para hacer mi propio camino.

En aquel entonces entre mis paisanos se me conocía más por el "nieto de Marino", que por el hijo de Manuela y de Francisco.

Tengo muy grabado que una tarde regresaba de dar un paseo acompañado por mi abuelo, y al encontrarnos con mi padre, le dijo: *"Francisco, me gustaría que Manolo cuando sea mayor, sea fraile"*. Su respuesta no se hizo esperar: *"También a mí, pero no me gustaría que fuese de los que andan descalzos..."* Así de sencillo era mi padre.

Era un niño de once años cuando contemplaba la fotografía de aquel fraile vestido de blanco, amigo de la familia, Fr. Alejandro Fernández; y se despertó en mí el deseo de ser como él.

---

2 DE HIPONA, A., *Confesiones*, Biblioteca de Autores Cristianos, Madrid 1996.

Con el consentimiento de mis padres, comencé los estudios durante un año en la Prefectoría que había en el Santuario de la Virgen del Campo, la Patrona del Valle Vidriales, a dos kilómetros de distancia del pueblo. Allí nos reuníamos un grupo de adolescentes para recibir formación humana y espiritual, acompañados por el sacerdote Don Ángel Saavedra. Iba y venía todos los días a pie hasta la casa para almorzar, por el camino de "los Ajuncales", y luego, alrededor de las siete de la tarde cuando finalizábamos las clases.

De mi pueblo, Tardemézar de Vidriales, de la casa de "los Marinos" -como llamaban a la familia, haciendo honor a Marina, la abuela de mi abuelo materno, Manuel- con doce años salí para ingresar en la Escuela Apostólica "Nuestra Señora de Gracia", en Almagro, Ciudad Real, el 9 de septiembre del año 1947.

Al ir del pueblo a la Bañeza, nuestra primera escala, el autobús donde íbamos varios niños y mi abuelo se averió, perdiendo el tren en el que debíamos continuar. Pasamos la noche en la casa del señor Pablo, padre de Fr. Agustín Turrado, un fraile que estaba estudiando en Almagro, quien gentilmente nos hospedó.

Al día siguiente partimos hacia Madrid. Mi abuelo Manuel quedó atrás, dejándome al cuidado del Padre Anastasio Carmona, unido al grupo de nueve o diez adolescentes que como yo, íbamos a comenzar la formación con los Frailes Dominicos.

Otro contratiempo me esperaba. Al llegar el tren al pueblo Cubo del Vino en el andén había agua potable, por lo que bajé a calmar la sed junto a otros viajeros. Al retomar la marcha el tren, la vorágine de personas que se agolpó en la puerta no me permitió subir. Allí quedé solo, a medio camino otra vez.

Un matrimonio que me vio tuvo compasión de mí y avisó al pueblo, poniéndome en manos de la guardia civil. El

Padre Anastasio Carmona también había notificado el percance por lo que dos oficiales me custodiaron todo el tiempo, llevándome a pernoctar al convento de los dominicos de San Esteban, en Salamanca.

Antes de continuar, la madre de un fraile que allí se encontraba visitando a su hijo me regaló una sandía, quizás para que no volviera a ir en busca de agua y tomé otro tren correo hacia Madrid. Recuerdo que cuando al fin mi viaje llegó a feliz término vi al fraile que me esperaba en el andén, corrí a saludarlo y de emoción tiré al suelo la fruta que me había acompañado en el último tramo de mi travesía.

Y desde Madrid, por fin, llegué a Almagro el 12 de septiembre, día del Dulce Nombre de María. Cursando el quinto año, el Director de la Escuela Apostólica, Fr. Isaías Llera, me nombró su persona de confianza para ayudarle en algunos quehaceres.

Eran otros tiempos, pero el Señor que nunca se queda en los márgenes del tiempo una y otra vez me ha regalado sus detalles, a través de las personas y de los acontecimientos vividos, desde mi infancia hasta hoy.

Veloces pasaron cinco años, tomé el hábito el 28 de septiembre de 1952 en Almagro y al año siguiente, 29 de septiembre de 1953, profesé en el convento de Santa Cruz La Real de Granada. Hasta allí, se acercaron mi madre y mis abuelos maternos para acompañarme. Mi padre tuvo que quedar en el pueblo, cuidando las haciendas y la casa. ¡Qué gesto tuvieron!, qué valientes fueron en aquella época donde se viajaba poco y las comunicaciones eran lentas; no escatimaron nada para demostrarme su cariño.

Tres sucesos más afloran en mi memoria. El primero ocurrió en Granada, mientras me encontraba cursando los estudios de Filosofía. Un día se me acercaron el Padre Prior de la comunidad y el Padre Maestro, para comunicarme: *"Fr. Uña, tu abuela está grave, aquí tienes el billete para que puedas ir a verla"*. Quedé atónito, porque entonces no era común frecuentar la casa de la familia, solo se iba cuando los padres estaban graves. Mi abuelita era muy querida por mí; luego me contaron sus palabras al sentirse muy enferma: *"Si viera a Manolo, me curaría"*.

Era el 9 de enero de 1955 cuando tomé el tren para ir de Granada hasta la Bañeza, León. Recuerdo que toda España estaba cubierta de nieve, las puertas y las ventanas de los coches eran de madera, no cerraban bien, y el frío se colaba hasta el fondo del alma.

Llegué a la estación antes del amanecer, sin conocer a nadie, y en medio de la niebla helada que me envolvía fui en busca de un taxi que me acercara al pueblo, pero como era tan temprano no se veía ninguno. ¡Qué gran sorpresa al encontrarme con un vecino de mi familia, José Barrero!, quien al verme me preguntó: *"Pero, Manolo, ¿qué haces por aquí?"* Le conté que iba a visitar a mi abuelita enferma, por lo que se enterneció, no dudó en ir a ver a un taxista conocido suyo que estaba aún descansando, y logró comprometerlo para que me llevase hasta mi casa.

A tiempo llegué para ver a mi abuela, darle un beso y acompañarla hasta su fallecimiento.

La segunda anécdota sucedió mientras estudiaba Teología. Enfermé con cierta gravedad de tifus y me trasladaron a la Enfermería durante dos o tres meses, siéndome imposible asistir a las clases. Recuerdo el interés que se tomó el Dr. Miguel García del Moral, y la atención con la que me cuidaron los hermanos.

Qué suerte la mía haber tenido un Prior de la talla humana de Fr. Julián Fernández, que diariamente encontraba tiempo para pasar un rato a mi lado. Nunca olvidaré el día que me preguntó: *"Fr. Uña, ¿cuándo te examinas?"* Le respondí que no lo sabía, el Maestro nada me había comunicado al respecto.

"Estate tranquilo, no pierdas la calma, de que te examines en junio me encargo yo", fue su respuesta.

Pasados tres días se presentó con Fr. Álvaro Huerga, regente de estudios y me dijo: *"Mañana vendremos a buscar tus libros"*, como así fue, los llevaron y me acompañaron de tribunal en tribunal. De este modo no perdí el curso y pude continuar junto a mis compañeros.

El tercer momento aconteció al llegar la hora de la ordenación sacerdotal. Entre los requisitos que se pedían estaba el de haber cumplido veinticuatro años, yo tenía solo veintitrés, faltándome tres meses para llegar a la edad requerida.

Fr. Luis Muñoz, mi Maestro, buscó un obispo benévolo, que tuviera las licencias pertinentes para poderme ordenar. El Señor Obispo de Guadix, Don Rafael Álvarez Lara accedió con gusto, imponiéndome las manos el 15 de marzo de 1959. Recuerdo que en las estampas que se imprimieron como recordatorio estaba mi lema: "Para servir a todos". Y así he deseado vivirlo hasta hoy.

Unos días más tarde, el 29 de marzo, celebré la misa en la Parroquia de mi pueblo San Martín de Tours y Santa Marina "bendita". Mis paisanos me decían con cierta picardía: *"¡Ay, Don Manolo, quien lo vio y quien lo ve; ahora que aprendió usted a decir misa!"*

Fueron los padrinos mis dos hermanos, Toña y Pepe. El banquete después de la misa lo tuvimos en la escuela del pueblo, recién construida. En ambos momentos estuvieron presentes todos nuestros vecinos, amigos y conocidos, incluyendo al señor Pablo, padre de Fr. Agustín Turrado, quien nos había hospedado aquella noche en la que no pude continuar el camino hacia Almagro, siendo adolescente.

Solo faltó el P. Alejandro Fernández, el fraile que despertó mi vocación cuando era niño, y que por aquel entonces era Provincial y se encontraba de visita por las comunidades de América.

Antes de ir al pueblo, yo había celebrado mi primera misa en el convento de Dominicas contemplativas Nuestra Señora de la Piedad en Granada. Las Hermanas confeccionaron y me regalaron la cinta, preciosa cinta, para atarme las manos el día de la ordenación. Estuve acompañado por mi antiguo Padre Maestro, Fr. Luis Muñoz, quien también fue Provincial y siéndolo yo, me pidió ir a Cuba, como así fue. ¡Cuántas coincidencias! Ya La Habana, de alguna manera, estaba inscrita en mi camino.

Después de pasar unos días en el pueblo, me dispuse para regresar a Granada. Antes de salir, celebré la Eucaristía ayudado por mi padre Francisco, y no había luz eléctrica en el templo. Al comenzar el canon, mi padre encendió la palmatoria y me la acercó al lado de los corporales, con gran cariño, para que yo pudiese seguir leyendo. Juntos dimos gracias a Dios.

Al terminar la carrera, me destinaron al centro de estudios que tenía la CONFER (Confederación Española de Religiosos) en la casa de los Padres Jesuitas de la calle Maldonado, entre las calles Diego de León, Serrano y Claudio Coello, en Madrid.

Durante un año cursé estudios de Pastoral y ahí fue que, leyendo un artículo del periódico Incunable, elegí el tema de la tesis final: "Una parroquia en el infierno", refiriéndome a la de San Roque, en el barrio de la Chanca, en Almería. Yo lo había visitado y conocido, sorprendiéndome la miseria, en todos los órdenes, que allí imperaba.

En el verano me enviaron para colaborar con los frailes del convento Santo Domingo de Almería, donde se encuentra el Santuario de la Virgen del Mar, para dar la comunión a los numerosos fieles que asistían. Pasados dos meses y medio la comunidad, al parecer, quedó contenta, y el Superior, Fr. Vicente

López, le pidió al Provincial que me enviara de nuevo en las siguientes Navidades. Al final, a esta comunidad fui destinado.

Junto a la Virgen del Mar, di mis primeros pasos del ministerio sacerdotal.

Mons. Alfonso Ródenas García, Obispo de Almería, me nombró Delegado Diocesano de las Hermandades del Trabajo. Y con los obreros trabajé durante once años.

Dos años más tarde, con veintiocho o veintinueve años, me sentí sorprendido al ser nombrado superior de la comunidad.

Por aquel entonces, en diálogo con los hermanos, nos dimos cuenta de la necesidad de reconstruir el convento.

Tan pronto me fue posible, comencé a hacer las gestiones pertinentes. Recuerdo que el señor Alcalde Don Guillermo Verdejo, me acompañó al Ministerio de Educación Nacional. Después, visité a Doña Carmen Polo de Franco, quien me concedió la cantidad de un millón de pesetas. Éstas y otras diligencias, hicieron posible reunir los fondos necesarios para acometer la obra. A estas alturas de mi vida me doy cuenta de que fui un osado.

Y continúo de sorpresa en sorpresa. Cuando se terminaba la reconstrucción del convento, el señor obispo llamó al Padre Provincial, Fr. José Romero, porque deseaba designarme párroco de San Pablo, en el barrio de las 500 viviendas.

Antes de que transcurrieran cuatro años, recibo una llamada del nuevo Padre Provincial, Fr. Luis Muñoz, comunicándome que la comunidad de Candelaria me había elegido prior.

Sin demora llegué a Candelaria (Tenerife), un pueblo de pescadores, donde se encuentra la Patrona del archipiélago canario. A orillas del mar conocí a un pueblo que me cautivó por su carácter abierto, su espíritu de colaboración y generosidad.

Los frailes nos esforzamos en lograr que la Basílica de Nuestra Señora de la Candelaria, estuviera a tono con la reforma litúrgica propuesta por el Vaticano II, y que la parroquia de Santa Ana se pudiera reparar.

Un buen equipo de trabajo, capaz de soñar y hacer soñar, hizo posible lo que parecía imposible. Deseo mencionar el valioso aporte de la Colonia Indostánica y dejar constancia de tres nombres: Don Vicente Cruz Gil, el responsable de Liturgia en la diócesis; Don Rafael Delgado, profesor de arte en la Universidad de la Laguna y Don Rodolfo Afonso, Alcalde de la Villa de Candelaria.

Antes de concluir esta etapa de seis años en Candelaria, asistí al curso de "Personalidad y Relaciones Humanas", que impartió Ana Azofra, en la Villa de los Molinos, cerca de Madrid. ¡Cuánto me marcó lo que allí aprendí! Pude reconocer que vivía cuidando mucho mi imagen y lo esencial no era eso, sino trabajarme yo a mí mismo, escucharme y aprender a escuchar a los demás. Años más tarde, me pidieron que animara estas sesiones.

Y de Candelaria a la Universidad de Santo Tomás (el Angelicum), en Roma, donde me envían mis superiores para realizar la Licenciatura en Teología.

Cuando regresé, me esperaba un nuevo destino: el convento de Santo Domingo de Scala Coeli, en la Sierra Cordobesa. Fui designado Maestro de Novicios y Director de la Casa de Oración.

El ambiente fraterno entre los seis frailes que componíamos la comunidad era vitalizador. Nunca olvidaré que, de común acuerdo, colocamos en la cocina un letrero: "Bienvenidos a la casa de los felices". Así nos sentíamos.

Pasaron cinco años, y uno de los días fui a Córdoba para renovar el DNI. Cuál no sería mi sorpresa cuando al regresar, veo a Fr. Lucas Guerra, mi antiguo Maestro de Filosofía, que sale corriendo a recibirme con los brazos en alto y con muestras visibles de alegría. Emocionado me comunica que el Capítulo me había elegido Provincial, y reclamaba mi presencia inmediata en Sevilla.

Y hacia Sevilla me trasladé al día siguiente, en compañía de Fr. Antonio Luis y del novicio Fr. Benito Medina. Viajé en silencio, sintiéndome atónito y descolocado, consciente de que iniciaba una nueva etapa.

Al llegar, fui recibido por los capitulares. En mi memoria conservo la pregunta que al despedirnos me formuló quien presidía el Capítulo: *"Padre Provincial, ¿qué nos prometes?"* Me sentí sobrecogido ante el interrogante, pero no dudé al contestar: *"Os prometo que seré Provincial, sin dejar de ser hermano; seguiré siendo Manuel, fiel a mí y fiel al carisma de nuestro Padre Santo Domingo".*

Hoy puedo decir que, este servicio no me hizo sufrir demasiado. Fue posible gracias también a la colaboración de los hermanos que Dios puso a mi lado para escuchar, motivar, animar y elaborar proyectos a nivel comunitario y provincial: Fr. Fernando Aporta García, Fr. Carmelo Preciado Medrano, Fr. José Antonio Segovia de la Torre, Fr. Francisco Rodríguez Fassio, Fr. Miguel de Burgos Núñez y Fr. Francisco Sánchez Hermosilla Peña.

Imposible olvidar la generosidad del Padre Mariano de Prado, que asumió el compromiso de quedar solo en la Sierra para que no se cerrara el convento de Scala Coeli. Allí esperó a que llegaran dos nuevos hermanos: Francisco Rodríguez Fassio y José Antonio Segovia. Ambos eran de los mejores profesores del centro de estudios teológicos de Sevilla, y el último día del Capítulo fueron a hablar conmigo, ofreciéndose para esta misión.

En esos momentos corrían los primeros días de julio del año 1985. Transcurrieron cuatro años, y en septiembre del año 1989, el Capítulo Provincial celebrado en Granada me reelige como Provincial.

Estos períodos en el gobierno me regalaron la posibilidad de conocer las comunidades de España y de América. Tanto en el Viejo como en el Nuevo Mundo, he encontrado hermanos entregados a su misión, con gran capacidad de sacrificio y creatividad.

En América visité en varias ocasiones las comunidades presentes en México, Venezuela y Cuba. Esto supuso para mí un regalo impagable, del que siempre me sentiré deudor.

Culminé los dos términos de mi servicio como Provincial y pedí ser enviado a Cuba. Después de varios meses de espera, llegué a La Habana el 15 de octubre de 1993. Encontré la ciudad en apagón, pero en mi corazón ardía la luz de Aquél que me llevaba.

Poco a poco fui acercándome a la realidad, y siento que mucho me ayudó el haber acompañado en el año 1995, a los Obispos y a los sacerdotes en tres tandas de Ejercicios Espirituales, dos en La Habana y una en el Santuario de Nuestra Señora de la Caridad, en el Cobre.

Recuerdo a Mons. Alfredo Petit, entonces secretario de la Conferencia Episcopal, cuando se acercó para pedírmelo. A Mons. Emilio Aranguren, que me acompañó en el viaje desde La Habana hasta Santiago de Cuba y a Mons. Pedro Meurice quien me recibió allí, me enseñó la ciudad y se portó muy bien conmigo.

Compartir con el clero de la isla, escuchar sus inquietudes y sus sueños me hizo mucho bien.

Otra gracia que deseo mencionar, es el haber podido participar en varios Capítulos Generales de la Orden.

El del año 1989, fue al primero que asistí. Viajé desde Madrid a Los Ángeles, y de aquí a Oakland, una ciudad del lado este de la bahía de San Francisco. Si bello es el lugar, más bella resultó ser la experiencia vivida.

Imposible olvidar que, durante el Capítulo llegó nuestro hermano Dominik Duka, que se encontraba encarcelado en Praga y llevaba muchos años sin haber podido salir de su patria. Esa tarde no hubo sesiones, después de recibirlo con un fuerte aplauso nos fuimos todos a la capilla para orar.

Otro de los días, la comunidad de Berkeley me invitó a cenar, junto a Fr. Timothy Radcliffe. Fue la ocasión propicia para que entre los dos se fraguara la amistad que perdura hasta hoy.

Nos volvimos a encontrar en el siguiente Capítulo de 1992, en México. Recuerdo que cuando nos vimos, me abrazó y me dijo: *"Manuel, ya aprendí a hablar español y puedo decirte algo más que: Oh, Manuel"*, aludiendo al encuentro anterior.

En este capítulo Fr. Timothy fue elegido Maestro de la Orden. Me parece escuchar las palabras que, llenas de buen humor, nos dirigió el Maestro saliente, Fr. Damián Byrne al presentarlo a la asamblea de hermanos: *"Ustedes han elegido para Maestro de la Orden a Fr. Timothy, y yo debo decirles que, ustedes no saben lo que significa para un irlandés darle el poder a un inglés…"*

Después de los Capítulos Generales de Oakland y de México, asistí al de Bolonia (1998), donde está la tumba de nuestro Padre Santo Domingo. Luego, fui a Providence (2001), cuando fue elegido Maestro de la Orden Fr. Carlos Azpiroz y a Roma (2010), donde ocupó este cargo Fr. Bruno Cadoré.

Cada Capítulo con sus vivencias y recuerdos, dejó en mí una huella indeleble que a estas alturas de la vida continúo valorando.

También aprecio mucho la confianza que los hermanos han depositado en mí. Me parece todo un misterio que en el año 2001, por tercera vez, pensasen en mí como Provincial.

Entonces ya me encontraba en La Habana y les advertí que tendríamos que cerrar las obras allí comenzadas, por falta de personal. Para mi sorpresa, Fr. Jesús Espeja, que se encontraba en Letrán impartiendo unos cursos me llamó para decirme: *"Manuel, mientras estés en Sevilla, yo pediré a mi Provincial que me envíe a Cuba, no renuncies"*. De esta manera, pude realizar el servicio que se me pedía.

Fr. Espeja fue una bendición para el Aula, para el Centro Fr. Bartolomé de las Casas y para la Iglesia cubana. Mientras, yo pensaba, en cómo actúan los hombres y cómo actúa Dios.

Hasta aquí estos retazos de historia. Al hacer memoria siento que una nueva vida crece dentro de mí, porque todo ha sido gracia tras gracia. Continúo viviendo en plenitud el presente y colocando en manos del Señor el futuro. Él, que comenzó su obra buena en mí, será quien la lleve a feliz término.

2. PARÁBOLA: MI BASTÓN DE CAÑA DE BAMBÚ

- Con motivo de mis 86 años -

Vosotros sois mi mejor felicitación. Durante veintiocho años, en San Juan de Letrán, he sido y soy feliz. Ahora deseo compartiros algo: a estas alturas, cuando el ciclo de mis estaciones hace síntesis y estoy completando mi carrera, me doy cuenta de que la vida empieza cada día.

Celebro tanto bien recibido, tanto bien amado y entregado. Hago mías las palabras de Amado Nervo: *"Muy cerca de mi ocaso yo te bendigo vida, porque nunca me diste ni esperanza fallida, ni trabajos injustos ni pena inmerecida"*[3].

Recuerdo que, por la década de los cincuenta, en Granada, se me preparó para ser fraile predicador; en los años sesenta, los obreros, conviviendo con ellos en Almería, me fueron enseñando cómo esperaban que fuera el sacerdote. En esta hora, en La Habana, siento la necesidad de aprender a caminar "años arriba", sin perder la capacidad de renacer, en esta vida y en la de la otra orilla.

Permitidme que hoy tenga un detalle con vosotros y os regale una parábola, mi parábola, la de la ancianidad.

Desde hace unos cuantos años conmigo va un compañero, que se ha hecho inseparable por su función y su significado. Se trata de mi bastón. No es un bastón cualquiera, quise que fuera de caña de bambú. Es un obsequio de hermanos: lo eligió, con muy buen gusto, mi hermana y generosamente lo costeó mi hermano.

- El bambú por dentro está vacío.
- Es resistente, fuerte, con capacidad para crecer rápido y regenerarse.

---

[3] NERVO, A., *Poema En Paz en Elevación*, Imprenta de G.L. del Rincón, Madrid 1916.

- Cuanto más alto crece, más se inclina sin romperse, porque las raíces son su base firme.
- Las cañas de bambú no crecen solas, unas a otras se sostienen, son símbolo de comunión.

Esto me hace recordar uno de los poemas de Rabindranath Tagore: *"Aquí me tienes sentado a tus pies. Déjame solo hacer recta mi vida y sencilla, como una flauta de caña, para que tú la llenes de música"*[4].

Pero hacerse caña, de fácil no tiene nada. Porque la caña tiene que ser tallada y cortada en muchas aperturas, para que salga el aire y se escuche la música.

Hoy, siento la llamada a ser un instrumento vacío de mí mismo, como Jesús, que se hizo uno de tantos. En Cuba, he deseado dar lo mejor a todos, pero este pueblo, que tanto quiero, ha sido quien me lo ha dado todo, no me ha podido dar más: su confianza y su cariño.

Tengo muy presentes las palabras de Dulce María Loynaz: *"Sólo clavándose en la sombra, chupando gota a gota el jugo vivo de la sombra, se logra hacer para arriba obra noble y perdurable. Grato es el aire, grata la luz; pero no se puede ser todo flor...; y el que no ponga el alma de raíz, se seca"*[5].

Hermanos, ayudadme para que me deje "tallar" y vivir en la sombra. Necesito ser y hacer silencio, porque se termina el tiempo y se gana tiempo, para continuar siendo fiel y feliz.

---

[4] TAGORE, R., *Aquí me tienes sentado a tus pies*, En *Gitanjali*, Macmillan and Co., Londres 1913.
[5] LOYNAZ, D.M., Poema III (Solo clavándose en la sombra), *Poemas sin nombre*, Aguilar, Madrid 1953.

3. PARÁBOLA: LA PUERTA
- Con motivo de mis 87 años -

Llego a los **ochenta y siete años** de vida y me vuelvo a Dios Padre para decirle: *"Dios mío, me has instruido desde mi juventud, y hasta hoy relato tus maravillas, ahora, en la vejez y las canas, no me abandones, Dios mío"* (Sal 71, 17-18).

El año pasado les compartí la parábola de mi bastón de caña de bambú, hoy deseo hablarles de la **puerta** donde suelo dejarlo colgado.

Es **la puerta de la oficina** que usé hace años siendo rector del Centro Fr. Bartolomé de las Casas, y que con gentileza mis hermanos me han permitido seguir ocupando. Cada vez que la cruzo recuerdo vivencias entrañables, personas que se han acercado para confiar y confiarse, sin necesidad de haber sido llamadas ni de forzar sus ritmos.

Esta **puerta, que se abrió en el año 1995**, da acceso a aquellos sótanos que estaban sin vida en el convento de San Juan de Letrán, guardianes de la historia pasada desde los años 1915-1916 y sin aparente futuro.

Puedo decir que es **la puerta de "mi Betania"** y me hace recordar la casa de los amigos de Jesús. Allí, sin pretenderlo, se ha ido despertando la confianza de los que llegan y esto ha hecho posible que sea una puerta sin cerraduras, por donde fluye la gratitud y la gratuidad.

A estas alturas de mi vida, en que mi cabello ha cambiado de oscuro a blanco, recuerdo que cuando llegué a Cuba en el 1993, hace veintinueve años, traía la ilusión de dar lo mejor a mis hermanos y al pueblo cubano. Pero viviendo y compartiendo con todos, constato que han sido ellos quienes me han hecho el gran regalo de sus personas.

Les comparto que es la **puerta donde he puesto en práctica el respeto**, sin intentar convencer a nadie. Bien lo expresa la frase de Martí colocada en su dintel: *"No hace bien el que señala el daño y arde en ansias generosas de ponerle remedio, sino el que enseña remedio blando al daño"*[6]. Allí, dejándome enseñar, ha surgido el milagro de la comunión con lo mejor de lo humano. Más allá de las diferencias, o quizás, gracias a las diferencias.

Conservo conmigo una estampa, que me regaló hace dos años nuestro Cardenal Mons. Juan de la Caridad García, el día de Jueves Santo. Dice así: *"P. Manuel Uña Fernández, O.P. 22.655 días enseñando, pontificando, pastoreando al pueblo de Dios..."*. La cifra me hizo interiorizar en el misterio del tiempo: sesenta y tres años han pasado desde aquel 15 de marzo de 1959, yo tenía veintitrés años, me faltaban unos meses para poder ser ordenado sacerdote y mis superiores tuvieron que buscar un obispo benévolo que me dispensase por no tener la edad suficiente.

Ahora me doy cuenta que soy el mayor de mi familia, de mi comunidad de San Juan de Letrán, del presbiterio de La Habana.

He caminado años arriba y en este momento, en el que los niños me saludan diciéndome "abuelo", intento no tropezar en la bajada. Soy consciente que el sol del atardecer es tan importante como el del amanecer y el mediodía, aunque su calor sea muy distinto. No se avergüenza de ponerse, no siente nostalgia de su brillo matutino, no piensa que las horas del día lo están echando del cielo.

Si esto ha sido posible, es gracias a ustedes, quienes **sin forzar la puerta me han hecho el gran regalo de su confianza.** Cuando me preguntan qué es lo mejor de Cuba, siempre respondo que es el corazón de los cubanos, ¡es éste su gran tesoro!

Permítanme despedirme con aquellas palabras de Unamuno, que hoy se convierten para mí en programa de vida:

---

[6] MARTÍ, J., *Obras completas*, Editorial de Ciencias Sociales, La Habana 1975.

"Agranda la puerta, Padre,
porque no puedo pasar;
la hiciste para los niños,
yo he crecido a mi pesar.
Si no me agrandas la puerta,
achícame, por piedad;
vuélveme a la edad bendita
en que vivir es soñar"[7].

[7] DE UNAMUNO, M., *Cancionero*, Editorial Comares, Albolote (Granada) 1953.

4. PARÁBOLA: EL BONSÁI

- Con motivo de mis 88 años -

Sigo caminando por esta calle de "sentido único" que es la vida, y el día 10 de junio, arribo a los **ochenta y ocho años de edad**, rebosando gratitud.

Es éste un cumpleaños singular: por primera vez, en tres décadas, lo celebro en mi tierra, al amparo de la Virgen del Camino, donde me encuentro desde hace dos meses, junto a otros hermanos, ancianos como yo.

En esta hora me siento feliz, al igual que fui feliz en el Nuevo Mundo, compartiendo con las personas que han confiado en mí, dándome cuenta, una vez más, que lo nuestro es integrar, nunca dividir. ¡Cuánto bien me habéis hecho todos! Los de allá y los de acá.

En septiembre, con billete de ida y vuelta, viajé desde La Habana hasta Madrid, como cada año. Al salir de San Juan de Letrán pensé que regresaría a los dos meses, pero tuvimos que cancelar lo programado.

Los dominicos, cuando fueron a América consigo llevaron sus libros; yo, regresé sin ellos, pero con la gratitud en el corazón como equipaje.

Ahora, me encuentro estrenando una nueva etapa, con un ritmo diferente, disfrutando el tiempo extra que Dios me concede, y en mi memoria renace el recuerdo de un Bonsái que quedó en la oficina que solía utilizar.

En mis cumpleaños anteriores les compartí las parábolas del bastón y de la puerta. Y en esta ocasión, deseo regalarles precisamente la parábola del Bonsái.

Les cuento su historia: este pequeño árbol, elaborado con imaginación artesanal, fue obsequio de una alumna del Centro Fr. Bartolomé de las Casas, en vísperas de su graduación, hace aproximadamente veinte años.

Con dicho gesto quería expresar su gratitud por haber experimentado el "microclima de Letrán", aludiendo al respeto y los valores que se cultivan allí y que le hacían sentirse como a la sombra de un árbol, resguardada del intenso calor del verano.

El Centro, es hijo del Aula Fr. Bartolomé de las Casas y surgió como un sueño compartido con mis hermanos en la comunidad de Letrán, el año 1998.

No puedo dejar de mencionar a mi fiel amigo y gran gestor Nelson la Serna, pieza clave de estos proyectos; a la profesora Nancy Sotelo, tan cercana y colaboradora; a Fr. Jesús Espeja, OP. que se ofreció para quedarse por cuatro años al frente, cuando tuve que ausentarme en el año 2000; a Fernando Acosta y Rosita Granda, por su labor oculta y eficaz en la secretaría.

Paso a paso, respetando el paso de todos, Letrán se convirtió en la "Casa Cuba", en el buen sitio donde las diferencias no fueron obstáculo para el cultivo de los más genuinos valores humanos.

El bonsái nos recuerda el valor de lo pequeño. Todo árbol comienza siendo un brote insignificante, pero cargado de vida y futuro. Vienen a mi memoria los postulantes, con los que compartí durante el último año en La Habana: Lázaro Yoerlis, Amed Enrique y Frisky. A ellos les diría que no tengan prisa, el tiempo de dar frutos llega después de aprender a ser personas, primero hay que crecer hacia abajo y hacia dentro. Caminando se tarda más que corriendo, pero se llega más lejos.

¡Por favor, no cierren la puerta! Necesité traerme el bastón que me ayuda a caminar, les dejo de recuerdo un Bonsái. ¡Es signo de lo germinal! De lo que ha ido brotando sin forzar nada, acogiendo, escuchando, acompañando, respetando. El bien crece por sí mismo.

Es lo que veo también aquí, en la Residencia donde me encuentro. La Orden ha pensado en quienes han regalado su juventud y muchos años de su vida en la misión y en el servicio.

Cuántos detalles de cuidado y de amor recibimos; al final lo que queda es la ternura, y éste es el arte que modela toda obra bella y acabada. Lo mejor de esta casa es lo humano.

Hoy, contemplando las vastas llanuras de Castilla, me vuelvo al Señor, y le agradezco tanta vida buena que me ha regalado. Todo es gracia, y gracia es escuchar esta llamada interior a detenerme en lo positivo, en la novedad que nos trae cada amanecer.

De este modo no permito que el "viejo" entre en mí, trayendo la nostalgia, el desencanto, la rutina, la falta de ilusión, en palabras de Clint Eastwood. Es agradable envejecer si permanecemos abiertos a lo nuevo y activos para sembrar el bien. Hasta el final.

Muchas gracias por la presencia de cada uno de vosotros en mi camino. Sois mi mayor regalo. Como el bonsái, disfrutemos sintiéndonos pequeños, aunque seamos mayores, para celebrar juntos la gran dicha de vivir y nuestra amistad.

5. PARÁBOLA: EL ÁLAMO BLANCO
- Con motivo de mis 89 años -

«Hay que entender al árbol, escucharlo, en su madera viva, en el ciego abrazar de sus raíces y en el milagro de sus hojas verdes, en el zumbido oculto de la savia. Comprenderlo en lo suyo: ese latir que al fin nos une y pugna y no nos deja sobre la tierra solos.»[8]

Celebrar la vida un año más es un regalo, que vivo con la gratitud a flor de piel. Y lo hago sintiendo cómo nuevos escenarios, nuevos rostros, nuevas experiencias, me siguen ayudando a crecer y a ser feliz.

La ventana de mi habitación permite que me recree en un hermoso paraíso, donde puedo contemplar abetos, cedros, álamos, cipreses, y escuchar el canto alegre de las aves. En este otro "microclima", llego a los **ochenta y nueve años de edad**, y aflora a mi memoria el paisaje que tantas veces contemplé en mi infancia, a orillas del arroyo Almucera, donde se observan abundantes plantaciones de estos árboles. Por eso hoy deseo compartiros la parábola no del "Olmo seco" sino del **"Álamo blanco"**, que es el árbol que menos se nombra. Su fruto es conocido como "algodón de chopo" y es en realidad una mezcla de semillas y fibras, que son transportadas por el viento.

Cada mañana observo cómo se mantiene con sus ramas mirando al cielo, quieto pero sin dejar de lanzar al aire sus semillas, gérmenes de vida y fecundidad. Y pienso en nosotros, los ancianos, que también estamos quietos, pero, ¡sin permitir que entre el "viejo gruñón" del desencanto en nuestras vidas! Ahora se nos ofrece la oportunidad de seguir siendo sembradores, de otra manera, dejándonos hacer por Él y por los hermanos.

---

[8] SÁNCHEZ, E., *Antes del nombre*, Tusquets Editores S.A., Barcelona 2013.

Estos últimos meses me han hecho el regalo de experimentar más de cerca la fragilidad. Los hospitales de León ya me son conocidos, no puedo olvidar mi estancia en Monte San Isidro, mis compañeros de habitación, el libro que me regalaron los familiares de Juan, los médicos, las enfermeras, los cuidadores. En Princesa Sofía estuve más tiempo, allí comencé la cuaresma y celebré la Pascua, como uno de tantos, pendiente de que pronto llegara la mejoría.

Pero, sobre todo, esta hora me ha traído el don humanizante de mis hermanos, amigos de antaño y compañeros de Residencia ahora; de los ángeles que a diario nos hacen la vida más fácil: el personal de gestión y dirección, enfermería, auxiliares, portería, limpieza y cocina.

Dicen que el álamo aporta a los bosques una magia especial, yo diría que la magia de esta casa son las personas. Casi sin ser notados se suceden los detalles, como pequeños milagros de cada día: la ayuda puntual y oportuna, la ropa y los ambientes limpios, los alimentos con sabor a hogar, las flores frescas en el escritorio, el regalo de una foto, una pintura o un libro, la escucha, las conversaciones, la compañía… Una lista que podría ser interminable.

No puedo silenciar tampoco la presencia entrañable de mi familia, sus viajes de Madrid a León y de León a Madrid. Cuánto les quiero y cuánto siento que me quieren.

Agradezco también a quienes, desde las dos orillas del mundo, me ayudan a envejecer más lento. Un día como hoy, aflora en mi memoria la fiesta patronal de la parroquia del Sagrado Corazón de Jesús, de la calle Línea, en La Habana. Fueron casi treinta años acompañando en la Eucaristía a Fr. Léster, a mis hermanos y a tantas personas queridas. A todos los guardo en mi corazón, aunque esté cansado y en silencio.

Recuerdo que hace muchos años, en los Molinos (Madrid), asistí a las sesiones de Personalidad y Relaciones

Humanas, fue el comienzo de un nuevo despertar y desde entonces ser persona y acompañar a otros para que lo sean, ha sido la pasión de mi vida. Dios ha sido y es tan bueno conmigo.

Continúo asomado a la ventana del tiempo, consciente de que estoy en las mejores manos. Allá afuera permanece el álamo quieto, consintiendo que el viento esparza sus semillas. Como diría mi paisano León Felipe:

> «*La historia y la poesía las hace el viento,*
> *y las antologías también, claro está.*
> *El hombre trabaja, inventa, lucha, canta...*
> *pero es el viento el que organiza y selecciona las hazañas, el milagro, las canciones.*
> *Contra el viento no puede nada la voluntad del hombre,*
> *y cuando el viento ha huido a su caverna me tumbo a dormir.*
> *Me despierto cuando él me llama ululante y me empuja. [...]*
> *El viento es un excelente cosechero...*
> *elige el trigo, la uva y el verso... el buen vino y el poema eterno...*
> *El que sella el buen pan.*
> *Me entrego humildemente al viento.*»[9]

---

[9] FELIPE, L., *Nueva Antología Rota*, Ed. Akal, Madrid 2008.

6. PARÁBOLA: EL ROMERO
- Con motivo de mis 90 años -

Que la vida es bella, no hay duda. Y el paso del tiempo no ha hecho otra cosa, que acrecentar esta certeza en mi corazón.

Hoy llego a los 90 años de edad, profundamente agradecido. Cada uno de vosotros forma parte de mi camino, vuestra confianza y cariño han logrado que envejezca más despacio.

Deseo celebrar mi cumpleaños compartiéndoos la **Parábola del Romero**. En una de sus acepciones esta palabra nos habla de un arbusto aromático, que se distingue por sus propiedades medicinales; en otra, designa al peregrino. Dos significados válidos y entrañables.

A mi memoria aflora Tardemézar, un pueblo del que recuerdo todo y a todos, comenzando por los míos, familia humilde y cristiana. Nuestra casa, por los años 1935-1940, era de tapia y adobe, sencilla y acogedora, la casa de los Marinos, en la calle del Medio. Allí nací, crecí y vi por primera vez el romero.

Grabada tengo la procesión de cada Domingo de Ramos; las familias del pueblo embellecían sus casas con hojas de laurel y cubrían las calles con ramas de romero. Me parece sentir la fragancia de entonces, y aflora en mí una serena alegría.

El año pasado, cuando fui al pueblo busqué una planta, y solo encontré una en la esquina de los Vientos, camino de las Bodegas de Arriba, junto al transformador.

Corté una ramita, la llevé a casa y mi hermana la plantó en una maceta pequeña, que se vino conmigo. Al llegar a la Virgen del Camino, la coloqué en la ventana de mi habitación y he disfrutado viendo cómo ha echado raíces. Siento que las flores que le han brotado me sonríen, y evocan las palabras de León Felipe:

"Ser en la vida romero, romero..., solo romero.
Que no hagan callo las cosas ni en el alma ni en el cuerpo,
pasar por todo una vez, una vez solo y ligero,
ligero, siempre ligero..."[10]

Qué hermosa la filosofía del "romero". Con el paso de los años me hace bien reavivar la conciencia de ser peregrino, sin permitir que el "viejo de la rutina" se adueñe de mi cotidianidad.

Si quieres llegar lejos, camina pero no corras. Paso a paso, respetando el propio paso. Muy importante es escucharnos a nosotros mismos, disfrutando la sutil melodía del silencio que habita en nuestro corazón.

Peregrinos por caminos siempre nuevos, sin que nuestros pies se acostumbren a pisar el mismo suelo... Aunque se carguen a la espalda noventa años, ¡que son muchos años! continúo dejándome enseñar, consciente de que lo mío, lo nuestro, es ser eternos caminantes. Hasta el final.

El romero, además, no permite que la rutina endurezca su alma y sus gestos. Podremos tener artrosis en nuestros cuerpos, pero el espíritu debe mantenerse "sin callos" para dar paso a lo nuevo. Es hermoso facilitar el camino a los que vienen detrás, sin que el "siempre se ha hecho así" condicione su creatividad y crecimiento.

"Sensibles a todo viento y bajo todos los cielos, nunca cantemos la vida de un mismo pueblo ni la flor de un solo huerto. Que sean todos los pueblos y todos los huertos nuestros"[11].

Por último, en el corazón del romero, no hay lugar para las fronteras que separan y excluyen, sino para los puentes que acercan y unen.

---

[10] FELIPE, L., *Nueva Antología rota*, Romero Solo, Ed. Akal, Madrid 2008.
[11] Ídem.

Ésta ha sido mi experiencia vivida en Almería, Candelaria, Córdoba, Sevilla, Cuba… Y en los muchos lugares por los que he pasado, compartiendo con los hermanos.

De todos he recibido la "luz que no deslumbra" sino que aclara el camino y disipa las dudas. Integrar las diferencias, nos ayuda a ser creyentes creíbles, al estilo de Aquél que peregrinó por nuestros caminos, con un admirable modo de ser Dios y ser humano. Su estilo nos inspira y nos marca el rumbo a seguir.

Continuemos siendo romeros, solo romeros, libres para amar, ser y estar. Os guardo en mi corazón.

7. CARTA PARA MI AMIGO MANUEL CALVIÑO

Amigo Manuel, siento que es bueno te escriba unas letras, portadoras de mi felicitación navideña y por el día de tu onomástico. Mereces te regale parte de mi tiempo, ahora que vivo sin ocupaciones ni preocupaciones.

"Vale la pena", es el nombre de tu programa desde el año 1991. Tuve noticias de él allá por la década de los años 2000, televisión cubana lo transmitía en una hora punta. Recuerdo que los jóvenes que asistían a las clases en el Centro Fr. Bartolomé de las Casas, al salir, me preguntaban: *"Padre Manuel, ¿vio usted ayer "Vale la Pena"?"*

Yo en Cuba era un aprendiz, poco a poco tomé conciencia, y fui reservando la hora para no perdérmelo. Sin tardar me di cuenta que verdaderamente valía la pena escucharte, se aprovechaba bien el tiempo, tus reflexiones abrían horizontes, refrescaban la mente y **uno podía sacar sus propias conclusiones**.

En esta mañana otoñal y fría de León, siento bueno retomar tus tres palabras: "Vale la pena", y servirme de ellas para releer parte de mi historia, donde puedo constatar que *"el amor de Dios, siempre joven, no tiene edad y también, respeta mi edad; no es posesivo pero es fuego que transforma sin destruir"*[12].

Una tarde del año 2000 tomé la decisión de acercarme a tu casa. Fui sin avisar, toqué el timbre, la puerta se abrió y me presenté. Me invitaste a pasar, a tomar asiento, y te dije en broma: *"¿Me regala Vd. la tarde?"* Inmediatamente te hice una propuesta: *"Me hace ilusión que pronuncie Vd. una conferencia, en el Aula Fr. Bartolomé de las Casas"*.

Tu sí hizo que regresase radiante y feliz a San Juan de Letrán. Tal es así que mis hermanos se dieron cuenta, y me

---

[12] GARRIDO, J., *Releer la propia historia*, Revista Frontera Hegian número 19, P. 45.

preguntaron la causa de mi alegría. Se quedaron sorprendidos cuando les compartí que conversamos, y habías aceptado dictar una conferencia en el Aula. Tu nombre ya es muy conocido y gozas de mucho prestigio en Cuba.

Con frecuencia nos encontrábamos en las calles 17 y 19 del Vedado y al verme, tú siempre detenías el carro, te bajabas, nos dábamos un abrazo. Aquel saludo brotaba de lo mejor del alma de los dos Manueles. Y así, de una manera tan sencilla, fue como creció el afecto que llegaría a convertirse en amistad. Sin ponernos de acuerdo, los dos asumimos que valía la pena conservarla, a través del tiempo y de las distancias.

Al aproximarse la Navidad, siento que vale la pena interiorice y te comparta cómo yo viví la primera Nochebuena en Cuba, en el año 1993. Eran otros tiempos.

A La Habana llegué en apagón, y en apagón encontré el templo de las Hermanitas de los Ancianos Desamparados, de Santovenia, donde me enviaron a celebrar la Eucaristía de medianoche. Se notaba alguna que otra luz de linternas; me impactó la oscuridad, el silencio y el calor. Así sería la noche de Belén. Por las calles no había luces, pero los corazones estaban caldeados por el amor y el cariño de las familias creyentes.

La Navidad de este año, aún no ha llegado, pero seguro que para mí será también muy original. Es la primera que celebraré en la Residencia Enfermería que tiene mi Orden en la Virgen del Camino, León, desde donde te escribo.

Me siento contento estando aquí, contento con mi suerte, afortunado con los hermanos, con mi familia, y **feliz también del nombre que mis padres escogieron para mí, todo un programa de vida que deseo compartirte.**

Desde niño, el 1 de enero era el día que más fiesta se hacía en mi casa; desconozco si tú celebras esa fecha también.

Me encanta mi nombre, mi casa ha sido la casa de los "Manueles". Y te digo el porqué: porque Manuel se llamaba mi abuelo, que fue mi padrino, y Manuela su madre; mi madre también se llamaba Manuela y mi sobrino-ahijado, el mayor, Manuel se llama. Y el hijo de mi sobrino, Emmanuel. **Y tu nombre es, Manuel.**

Te digo más, también **Jesús se llamaba Emmanuel.** El libro del profeta Isaías tiene un apartado titulado el libro del Emmanuel, donde se nos comparte cómo Ajaz escuchó a Yahvé que le decía: *"Pídeme una señal".* Y al negarse a pedírsela, el Señor le dijo: *"Yo mismo te daré la señal. Mirad, una doncella está encinta y va a dar a luz un hijo al que pondrán por nombre Emmanuel, que significa Dios con nosotros"* (Is 7, 13). No se puede decir más, ni mejor.

Emmanuel es el nombre de Dios, que es Padre, que es Hijo y que es Espíritu. Un Dios familia, que vive en familia, en la que se da la mayor unidad y la máxima distinción.

Dios Padre que mora y habita en nosotros. Tomo conciencia que el Padre es el que vive y da la vida a los demás, es todo bondad, se da, y dándose, se complace y recrea en su obra.

Dios Hijo, el que escucha y siempre responde al Padre: *"Aquí estoy".* Consiente que el Padre le ame y se deja querer por el Padre. *"Yo hago siempre lo que agrada a mi Padre"* (Jn 8,29). El Padre nos comparte que está orgulloso del Hijo y nos invita a escucharlo.

El Padre y el Hijo no nos podían regalar cosa mejor que el amor de ambos: el Espíritu Santo, que es quien nos invade sin violentarnos, animándonos a abrir caminos, a relacionarnos desde el respeto mutuo que crea comunión.

Amigo Manuel, te felicito por la Navidad, por año nuevo y por tu nombre, ¡qué bello nombre!, ¡cuánta riqueza encierra! Contigo asumo el reto de hacer sitio a Dios en nuestras vidas, en nuestro entorno, en nuestro mundo: construir familia de una manera silenciosa, desde la escucha bondadosa que no excluye y la apertura respetuosa, dando y regalando nuestras vidas sin dejar de ser nosotros, sino siendo más en Él.

Me despido, agradeciendo tu amistad en el camino que recorremos, integrando en nosotros la riqueza de las diferencias. **De verdad, Dr. Manuel Calviño, que esto vale la pena, ¿no te parece?**

8. RESPUESTA DE MANUEL CALVIÑO

Mi querido amigo, mi párroco siempre, mi tocayo Manuel:

Sus palabras han calado muy hondo en mí. Palabras purificadoras y estimulantes que han evocado en mí, escenas fundamentales de mi vida.

Como le comenté una vez, yo vengo de una formación católica. La recibí desde la Enseñanza primaria con los Hermanos de La Salle, en la Escuela de El Vedado (más adelante le compartiré un texto que escribí hace ya algunos años). Y no me canso de agradecer la apertura espiritual y ética que los hermanos lasallistas sembraron en mí.

Luego, después de años muy difíciles, encontrarme con Ud. fue como volver a respirar toda la sabia evangélica, que más allá de credos, forma parte indestructible de mi vocación humanista y reivindicadora.

También mi abuelo fue Manuel, mi tía, hermana mayor de mi padre, era Manuela, y mi propio padre José Manuel, de donde llegó mi Manuel Ángel. Y he seguido yo con la multiplicación de ese "Dios en nosotros", con lo que mis dos hijos varones son José Manuel y Manuel Ernesto. Y ahora mi nieto Manuel Ángel. Y puedo asegurarle que cada primero de enero homenajeamos nuestro Santo, por la gracia divina de estar cerca de Dios, aunque nuestras creencias no sean totalmente coincidentes.

El espíritu humano es uno, y en cualquiera de sus maneras de ser comprendido y sentido, tiene en su centro la bondad, la fe, la caridad, la solidaridad, la honradez, el amor. Por eso, entre otras razones, mientras le escribo esta nota, delante de mí, a la altura de mis ojos, cuelga el rosario que Ud. con tanta bondad me diera para mi madre, y que yo guardo como sagrado recuerdo de ella y de Ud. Un Jesús crucificado que lo hace humano y divino.

Me alegra mucho saber que Ud. está bien, en paz con la vida, con sus decisiones y opciones. Me hace feliz su felicidad y su entrega a su vocación religiosa. Claro que me gustaría tenerle más cerca, pero mucho me reconforta el haberlo tenido en esta isla, en este barrio, por el que Ud. sigue su camino evangelizador.

Contar con su amistad, con su presencia espiritual, con su bendición y sobre todo con su luz clara y pura, definitivamente **vale la pena**.

Tenga Ud., sus familiares, y también los que con Ud. comparten la Residencia Enfermería de su Orden en la Virgen del Camino, una feliz Navidad. Ábranse los corazones para recibir la llegada de Jesús, Aquél que con su propia vida mostró el camino de la redención humana. Nosotros sus aprendices, de una denominación u otra, sin importar diferencias, estamos convencidos que **vale la pena**.

Un fuerte abrazo.

Manuel Calviño

9. AULA FR. BARTOLOMÉ DE LAS CASAS
TREINTA ANIVERSARIO
San Juan de Letrán, La Habana
- 15 de marzo de 2025 -

"Ha de hacerse en cada momento lo que en cada momento es necesario... Y ha de hacerse despacio lo que ha de durar mucho".[13]

El mes de marzo del presente año 2025, me regala la oportunidad de celebrar el sesenta y seis aniversario de mi ordenación sacerdotal, unido a los treinta años de la fundación del Aula Fr. Bartolomé de las Casas, en La Habana.

El Padre Superior, Fr. Celio de Pádua, tuvo la gentileza de visitarme en la Residencia-Enfermería de la Virgen del Camino, y con motivo de esta efeméride, me invitó a escribir unas letras sobre sus orígenes. Mucho agradezco su confianza, y con gusto me dispongo para darle voz a mi memoria.

Llegué a La Habana, para quedarme, el 15 de octubre del año 1993. Durante el viaje, fui leyendo la carta pastoral de los Obispos Cubanos "El amor todo lo espera".

Por aquel tiempo, también era reciente la celebración del Encuentro Nacional Eclesial Cubano (ENEC), y sin duda alguna, un soplo de aire fresco inundaba el ambiente.

Sin dejar pasar los días, fui diligente en conseguir el Documento Final. Me cautivaron, y siguen siendo actuales, las palabras del entonces Presidente de la Conferencia Episcopal Cubana, Mons. Adolfo Rodríguez: *"No tenemos ni la primera ni la última palabra, pero creemos que existe una primera y una última palabra de todo y esperamos en Aquél que la tiene. Y en Él miramos con serena confianza el futuro, siempre incierto, porque sabemos que*

---

[13] MARTÍ, J., *Maestros ambulantes*. En *Obras Completas* (Vol. 8, pp. 289–293), Editorial de Ciencias Sociales, La Habana 1991.

mañana, antes que salga el sol, habrá salido sobre Cuba, sobre el mundo entero, la Providencia de Dios" [14].

Recuerdo que mi comunidad de frailes, en San Juan de Letrán, no era ajena a este clima renovador. Encontré a verdaderos hermanos, capaces de escuchar en "estéreo", a Dios y al pueblo, y capaces de hacer posible lo imposible, cuando del bien se trataba.

Cada semana, reservábamos la mañana del martes para reunirnos. A pesar del mucho trabajo que teníamos, estas horas eran sagradas, ya que nos ofrecían la oportunidad de escucharnos, compartir cómo nos sentíamos, soñar juntos y aunar esfuerzos para realizar la misión, conscientes de que la fidelidad al Espíritu no consiste en ser "repetidores" de lo que se ha hecho, sino en abrir las puertas de la mente y del corazón, para permitir que nazca lo nuevo.

Y así fue como una de aquellas mañanas, afloraron las preguntas: *"¿Qué es lo que necesita nuestro pueblo?"*. *"¿Qué le podemos ofrecer?"*. Nos escuchamos con atención, pero, no encontrábamos las respuestas.

Pasados dos o tres días alguno verbalizó: *"Podemos ofrecer a las personas uno de nuestros espacios del convento"*. Y surgió otro interrogante: *"¿Y para quiénes?"*. Unánimes respondimos: *"Para todos"*. Jesucristo no excluyó a nadie.

Las respuestas habían brotado desde el **no tener**, el **no saber** y sin embargo, **querer**.

Nos decidimos a abrir un espacio, que fuera **lugar de encuentro y reflexión para todos los cubanos**, sin excluir a nadie por su ideología o creencias.

---

[14] CONFERENCIA EPISCOPAL CUBANA, *Encuentro Nacional Eclesial Cubano: Documento final e instrucción pastoral de los obispos*, No. 31, COCC, La Habana 1987.

Sintiéndonos motivados, dialogamos con Mons. Jaime Ortega Alamino, Arzobispo de La Habana, quien nos dio el visto bueno para dar los pasos pertinentes.

Así, comenzamos a acondicionar el antiguo teatro del convento, sumido en un profundo silencio desde hacía décadas. Lo visualizábamos como un Aula donde se impartirían conferencias, para un público muy variopinto, sediento de cultura y valores.

No tardaron en sumarse varias personas a la obra. Las primeras seis filas de butacas nos las donaron las Hermanitas de los Ancianos Desamparados, del Hogar Santovenia.

Areán, laico fiel de Letrán, contactó a Emiliano, el carpintero-ebanista, que con su arte fue amueblando el recinto, y a Juan Carlos Chateloín, quien pintó el mural en la pared principal, reproduciendo la imagen de Fr. Bartolomé de las Casas en defensa de los indios. ¡Cómo no tener presente a este intrépido dominico!; nunca pasará de moda su opción, contra viento y marea, por el ser humano.

Pronto despuntó la primavera y con ella, **nació el Aula Fr. Bartolomé de las Casas, el 30 de marzo de 1995.**

La conferencia inaugural estuvo a cargo de Mons. Beniamino Stella, entonces Nuncio de Su Santidad e incondicional colaborador desde la primera hora. Su maravillosa disertación tuvo por título:

"Tertio Millennio Adveniente" y fue el preludio de lo que, el último jueves de cada mes, sucedería en Letrán.

Bien lo ha sabido captar el Dr. Eduardo Torres Cuevas, doctor por su sabiduría y ejemplo de amistad, cuando con sus palabras afirmó:

"En aquellas noches en el convento de San Juan de Letrán, se disfrutaba de un diálogo respetuoso, de un ambiente de paz y de un deseo de escuchar para crecer. Al terminar y salir del convento, el escribidor recibía con las suaves brisas de las noches cubanas, la

sensación de esperanza y de consuelo, en la sabiduría cubana, lo mejor de nosotros mismos"[15].

A través de los años, muchos han sido los oradores que han regalado lo mejor de sí mismos, desde el púlpito del Aula. Quizás no con el ánimo de ofrecer "cátedra", sino de compartir su búsqueda de la verdad. Esa que es inherente al ser humano, y que en común poseemos, como fragmento de un todo mayor que nos trasciende.

"Nos vemos en Letrán" era la expresión de los jóvenes, al despedirse después de cada conferencia. Muy acertada estuvo la frase del P. Antonio Rodríguez al definir este sitio como **"Casa Cuba"**, **Alma Mater** con sus brazos abiertos para recibir, escuchar y valorar a todos.

Imposible silenciar la encomiable labor de Nelson la Serna, Nancy Sotelo, Rosita Granda, Fernando Acosta.

Lapidaria fue la frase de Nelson: *"Padre Manuel, en Cuba no hay que pedir permisos, sino ganar espacios"*.

El buen hacer, la inteligencia y prudencia de estas personas fieles, siempre a nuestro lado, hicieron posible no solo que surgiera el Aula, sino que se consolidara y perdurara en el tiempo.

Y llegó el año 1998, que no pudo comenzar mejor. El 21 de enero, el papa Juan Pablo II arribaba a La Habana, estremeciéndonos con su invitación: *"Que el mundo se abra a Cuba y que Cuba se abra al mundo"*[16].

---

[15] UÑA, M., *Vivir a corazón abierto. Memorias de un sembrador*, Ed. Doce Calles, Madrid 2021.

[16] Juan Pablo II, *Discurso en el Aeropuerto Internacional José Martí, La Habana, Cuba* (21 de enero de 1998): < https://www.elpais.com/diario/1998/01/22/internacional/885423601_850215.html> [Consulta: 29 de enero de 2025].

¿Cómo quedar impávidos ante este nuevo programa de acción pastoral? En comunidad, volvimos a preguntarnos qué más podíamos ofrecer.

Y un año después se inauguró el Centro Fr. Bartolomé de las Casas, con la misma filosofía del Aula, como un espacio abierto a todos, donde se impartiría educación complementaria.

Más tarde, se remodeló la biblioteca y se reparó el templo. No puedo silenciar que libros muy valiosos fueron donados por la viuda del Dr. José Felipe Carneado, de feliz memoria, quien siempre nos facilitó las cosas.

Todo se hizo con claridad, no en la clandestinidad, contando con el apoyo de la Iglesia, de la Orden, de las autoridades, de personas y entidades generosas.

Celebrar hoy treinta años de la inauguración del Aula, es celebrar el aporte insustituible de cada uno, el sueño de los que han vivido antes que nosotros, el tesón de los que han estado en primera fila, sin permitir que se apagara la antorcha del carisma dominicano.

Que el futuro nos depare ver multiplicados estos treinta años, y el Aula y el Centro continúen siendo los espacios donde converjan los dos mundos, en expresión del Dr. Roberto Fernández Retamar, aunque sean de tonalidades diversas. **Quien suma, siempre gana; quien integra, fructifica.**

10. EL BÁCULO DE LA CERCANÍA

El 10 de junio, día en que cumplí ochenta y nueve años, recibí una llamada de larga distancia. Con sorpresa escuché la voz de **Mons. Juan de la Caridad García**, Cardenal y Arzobispo de La Habana, diciéndome: *"Padre Manuel, muchas felicidades"*. Este gesto suyo hizo que afloraran en mí sentimientos de gratitud, por haber podido compartir con el clero cubano durante treinta años y disfrutar del regalo de su confianza.

La primera oportunidad que me ofrecieron fue acompañarlos durante tres tandas de Ejercicios Espirituales, a los pocos meses de mi estancia en La Habana.

Mons. Alfredo Petit fue el portavoz de la Conferencia Episcopal para pedírmelo, y **Mons. Emilio Aranguren** tuvo la gentileza de viajar conmigo, desde el occidente hasta el oriente de la isla. Resultó ser una travesía inolvidable, sazonada con su buen humor.

Mons. Fernando Prego fue el primer obispo cubano con el que me encontré, en una de las visitas a mis hermanos, siendo Provincial. Se acercó a verme a San Juan de Letrán, con el borrador del Documento final del ENEC debajo del brazo. Después de los saludos, no dudó en expresarme una de sus inquietudes: *"¿Va a trasladar al Padre Domingo Romero?"*. Mi respuesta fue: *"No vengo a trasladar, sino a ver y a escuchar"*. El P. Domingo Romero era su consejero y depositario de toda su confianza.

Tuve el privilegio de compartir con Pastores de la talla de **Mons. Adolfo Rodríguez**, hoy Siervo de Dios, quien un día, estando ambos en el Cobre, me llamó para decirme: *"Padre Manuel, Vd. y yo tenemos amigos comunes…"*

A **Mons. Pedro Meurice**, me lo presentaron en esta misma ocasión. Me recibió con su habitual sencillez, almorzamos juntos y luego me regaló la tarde, mostrándome la ciudad de Santiago y sus alrededores.

Mons. Jaime Ortega me distinguió con su confianza, pudiéndolo acompañar hasta sus últimos días. Era un hombre culto, buen diplomático y excelente orador.

En mi memoria ha quedado grabada la mirada serena de **Mons. Siro González**. Un Pastor fiel a la palabra, a su pueblo, a sus amigos, al tiempo que le tocó vivir. Siendo Obispo de Pinar del Río, asistía a las conferencias del Aula Fr. Bartolomé de las Casas, y en alguna ocasión fue el orador. Recorría la distancia en su viejo vehículo, siendo evidente que lo que no envejecía era su visión positiva de la realidad. El 8 de julio de 1996 firmó la presentación del primer número de los cuadernos del Aula, expresando entre otras cosas: *"Me atrevo a levantar la voz, en nombre de mis hermanos obispos, para animar con estas palabras que quieren ser presentación de esta interesante colección, al querido amigo Fr. Manuel Uña, a sus hermanos de la Orden y a los cercanos colaboradores".*

De Mons. Juan, guardo en mi breviario una estampa que nos regaló a los sacerdotes, el Jueves Santo del año 2020. Dice así: *"P. Manuel Uña Fernández, O.P. 22.655 días enseñando, pontificando, pastoreando al pueblo de Dios…"*

Qué detalle el suyo, detenerse en convertir los años del ministerio de su clero, en días. Porque la esencia del ser sacerdotal se juega precisamente en los días, las horas, los minutos, los segundos, que se dedican al pueblo de Dios. Mons. Juan es el Pastor de los signos y del servicio, sin levantar mucho la voz, va mostrando el camino.

Recuerdo la visita que hizo a Letrán, semanas después del inolvidable 11 de julio. *"Padre Manuel, he pensado en Vd. para que comparta un día de retiro con el clero de La Habana"*, me dijo.

Quedé sorprendido, y más al comentarme el tema: **"Misión del sacerdote en una Cuba cambiante y compleja"**. Era la mayor "tiñosa" que me habían pedido, pero no me pude negar.

Antes de despedirnos me dejó escrita la fecha, 4 de agosto de 2021 y el lugar, la Casa Sacerdotal.

Un año más tarde, mi buen amigo **Mons. Juan de Dios Hernández**, me pidió acompañase al clero de su diócesis de Pinar del Río, durante los Ejercicios anuales, como así fue.

De **Mons. Manuel Hilario de Céspedes**, guardo un agradable recuerdo. El día que lo ordenaron obispo, expresó su gratitud con la palabra más típica de los pinareños: "*¡Alabao!*", es decir, "alabado" sea Dios.

En Santa Clara conocí a **Mons. Arturo González**, con quien me une una entrañable amistad. Casualmente en estas últimas semanas, la Providencia hizo que se encontrara con un matrimonio vecino del pueblo. Al enterarse mi hermana, me llamó para comunicármelo. Luego supe que fue haciendo el camino de Santiago.

Uno de los días, Mons. Arturo celebró la Eucaristía junto a los peregrinos, y mis vecinos, Pepe y Anita, se acercaron para preguntarle si era obispo. Al saber que lo era, y de dónde era, le dijeron que conocían a un sacerdote que había vivido en Cuba durante mucho tiempo. Buscaron en el celular una foto de la portada del libro "La sonrisa que no olvidamos", y se la mostraron. Con emoción se dieron cuenta que el "vecino del pueblo", era conocido y apreciado por ambas partes.

Qué afortunado me siento, por haber conocido de primera mano a estos testigos. Acojo la invitación del libro del Eclesiástico: "*Hagamos el elogio de los hombres de bien*", porque "*su esperanza no se acabó; sus bienes perduran en los que vienen detrás*" … "*Su recuerdo dura por siempre, su caridad no se olvidará*".[17]

Gracias por la amistad de todos, gracias por ser testigos creíbles, humanos y de Dios. Os regalo estas palabras, reflejo de lo que vosotros sois y vivís:

---

[17] Cf. Eclo. 44, 1.10-13.

*"**Tu mitra** será un sombrero de paja; el sol y el claro de luna; la lluvia y el sereno; la mirada de los pobres con quienes caminas y la mirada gloriosa de Cristo, el Señor. **Tú báculo** será la verdad del evangelio y la confianza de tu pueblo en ti. **Tu anillo** será la fidelidad a la nueva alianza del Dios liberador y la fidelidad al pueblo de esta tierra. No tendrás otro **escudo** que la fuerza de la esperanza y la libertad de los hijos de Dios, ni usarás otros **guantes** que el servicio del amor"*[18].

---

[18] CASALDÁLIGA, P., *Sonetos negrales y otros poemas*, Editorial Sal Terrae, Madrid 1984.

11. LA FLOR MÁS BELLA QUE BROTA DEL ALMA: LA GRATITUD

"El fin de un viaje es sólo el inicio de otro. Hay que ver lo que no se ha visto, ver otra vez lo que ya se vio, ver en primavera lo que se había visto en verano, ver de día lo que se vio de noche, con el sol lo que antes se vio bajo la lluvia, ver la siembra verdeante, el fruto maduro, la piedra que ha cambiado de lugar, la sombra que aquí no estaba. **Hay que volver a los pasos ya dados, para no repetirlos y para trazar caminos nuevos a su lado.** *Hay que comenzar de nuevo el viaje. Siempre. El viajero vuelve al camino"*[19].

Me encuentro en Tardemézar, así se llama mi pueblo, en la casa de los Marinos, calle el Medio; es el hogar que me vio nacer, jugar, correr y crecer.

En la Residencia Virgen del Camino, donde he sido destinado este año, me aconsejaron que rompiera el ritmo habitual y viniese unos días a descansar con Toña, mi buena hermana. Hace más de cuarenta años que no venía por estas fechas y todo me parece un sueño. Por vez primera, sin ocupaciones ni responsabilidades.

He podido pasear por las calles, reencontrarme con mis paisanos y con las tradiciones del pueblo. Concelebré en el Santuario durante la novena y el día de la fiesta de la Virgen del Campo, Patrona de mi Valle Vidriales.

No puedo silenciar que el lugar me remonta a la preceptoría que, tiempos atrás, hubo en este sitio, cuando era un adolescente de once años. Hasta allí caminaba dos veces diariamente, para recibir formación antes de ir a la Escuela Apostólica de mi Orden, en Almagro.

¡Cuántas vivencias entrañables! Es cierto que los caminos antiguos siempre guardan en sí una novedad por descubrir

---

[19] SARAMAGO, J., *Viaje a Portugal* (Trad. Basilio Losada), Ed. Alfaguara, Madrid 1995.

cada día. En mi corazón han quedado muchos recuerdos, cada rincón de la casa o fotografía conservan una historia peculiar y el aroma inconfundible de los míos.

Una de estas mañanas me encontré en la habitación con una carta que recibió mi hermana en febrero de 2004. La remitía Sor Eufemia, dominica de la Sagrada Familia, con motivo de la muerte de nuestro padre. Con el mayor de los gustos, transcribo algunos párrafos:

"Estimada Doña María Antonia: reciba mi más sentido pésame por la muerte de su padre. He estado unida a ustedes en el amor y en la esperanza.

Doy gracias a Dios y nunca olvidaré aquella mañana de otoño del 2002, durante mi estancia en Madrid. Caminaba como de costumbre, pero ese día era especial. Hacía viento, caían las hojas y me protegí bajo un balcón. Un anciano estaba sentado en un banco, me encantan los niños y los ancianos, por eso no puedo pasar de largo ante ellos. Me senté junto a él y me puse a contemplar el espectáculo: ¡Qué maravilla la caída de las hojas! ¡En mi tierra no se ve eso!

Me preguntó de dónde era. Al decirle que de Tenerife, me dijo que había tenido allí a un hijo sacerdote. Nos alegramos mutuamente: él al saber que yo era dominica y yo, al conocer al padre del Padre Uña.

Hablamos largo rato, llegó un momento en que dijo una cosa que me llegó mucho, soy una enamorada de estos seres que nos recuerdan el misterio de la presencia de Dios. "Tengo en casa dos ángeles". ¿Quiénes son esos ángeles?, le pregunté. "Mi hija y mi yerno". Me lo dijo con una cara de felicidad que nunca olvidaré. ¡Qué maravilla ser ángel para los demás!

Estas letras me han hecho caer en la cuenta de que hoy, yo tengo la edad de mi padre en aquel entonces. Y viene a mi memoria lo que me dijo una de las veces que me despedía de él, antes de viajar a Cuba: *"Manolo, tú sé fiel, que viéndote fiel yo soy feliz"*. Y me dio un abrazo. Le devolví el gesto con un beso, pero no pude aguantar su mirada. A veces el amor duele.

Con la Hermana Eufemia intenté comunicarme, pregunté su número de teléfono y la he llamado. Sin embargo, no he conseguido llegar a tiempo, la Hermana que me atendió me hizo saber que había fallecido hace dos años.

Ahora, acogiendo el pasado y lo pasado, aflora en mí la certeza de que en mi casa existen no dos ángeles, sino tres: mi hermana, buena, bondadosa, cariñosa, generosa y sus dos hijos: Manolo, mi ahijado, inteligente, desenvuelto y siempre dispuesto; y Rosa, lúcida, talentosa y discreta. Qué riqueza tener familia, sentirme querido y poder expresarles lo mucho que yo les quiero.

Mi hermana Toña ha viajado a todos los lugares donde he estado: Almería, Candelaria (Tenerife), Sevilla, Roma, Tierra Santa, Lourdes, Fátima, México. En cuatro ocasiones, a Cuba. Y desde que me encuentro en la Virgen del Camino, ha venido a visitarme tres veces.

Manolo, después de contraer matrimonio, no dudó en escoger a Cuba como el destino de su primer viaje. Era el año 1997 cuando lo pude ver y abrazar en el Hotel Meliá Cohiba, no muy distante del convento de San Juan de Letrán.

Rosa, después de haberlo intentado en otras ocasiones, finalmente pudo también viajar a Cuba, al igual que su hijo Rafael, años antes, al terminar su carrera de ingeniero aeronáutico en Bristol. Dios le concedió esta gracia. Y en la última semana de agosto de 2022, llegó a La Habana y yo disfruté al recibirla, poder darle un beso en el aeropuerto José Martí y mostrarle la realidad que me hacía tan feliz.

Durante el tiempo que estuvo allí se sintió sorprendida de cómo la acogieron los frailes y las personas, de los muchos detalles que tuvieron con ella. No le he querido preguntar qué se despertó en su corazón, pero sí sé que pudo ver más allá de las carencias que sufre el pueblo cubano y descubrir la gran riqueza que tiene su gente, de corazón noble y solidario.

Hizo coincidir su regreso con mi viaje a Madrid, sin sospechar que éste iba a ser de ida pero no de vuelta. A los pocos días, se convirtió en mi enfermera, acompañándome en el hospital Quirón Salud, en las dos ocasiones que estuve internado en pocos meses. Mi hermana me cuidaba por el día, y ninguna de las dos escatimaron ni sacrificios ni cariño. ¡Cómo no estarles agradecido! Es sorprendente constatar el modo en que Dios hace las cosas.

Estos tres ángeles tampoco me privaron de su compañía, cuando el 25 de marzo del presente año viajé a la Virgen del Camino. Comenzaba una etapa nueva.

Y por si fuera poco, el 10 de junio, fecha de mi cumpleaños, vinieron a felicitarme con un regalo muy peculiar, un libro titulado: "La sonrisa que no olvidamos. Gratitud a un sembrador".

Más tarde me enteré que la iniciativa fue de Rosa, ella supo motivar y aunar corazones, con la prudencia que le caracteriza. Yo no puedo menos que sentirme confundido y casi avergonzado. Y afloran en mí las palabras del Bautista: "Yo no soy quien pensáis"[20].

Al concluir estas letras me encuentro de regreso en la Residencia, a pocos días de celebrar el setenta aniversario de Profesión Religiosa. Fue un 29 de septiembre de 1953.

Ahora muchas personas me preguntan qué hago. Y les respondo: yo ahora no hago, he dejado de hacer, me dejo hacer, le dejo hacer a Él en mí. A mis ochenta y ocho años estoy aprendiendo a dejarme querer. Soy feliz y aquí he encontrado otros ángeles que hacen me sienta contento con mi suerte, sin añorar el pasado.

Me encuentro rodeado de cariño, ternura y delicadeza. Mi Orden ha pensado en quienes le han entregado todo y les devuelve con creces lo sembrado. Atesoro los gestos cotidianos

---

[20] Hch 13,25.

del Padre Superior, Fr. José María Viejo, y del personal que nos atiende, su trabajo callado, su preocupación por nosotros, su sonrisa en cada momento.

¡Cuántos detalles el Señor ha tenido y tiene conmigo! Pienso en mis formadores y en los que han confiado en mí y se me han confiado. Muy cerca del ocaso continúo cultivando la flor de la gratitud, y vuelvo al camino, siempre nuevo, de cada día.

12. Y EL CORAZÓN ME LLEVÓ A SEVILLA

"Necesitamos una nueva alianza entre jóvenes y ancianos, para que la linfa de quien tiene a sus espaldas una larga experiencia de vida, irrigue los brotes de esperanza de quien está creciendo. En este intercambio fecundo aprendemos la belleza de la vida..."[21]

Es cierto que la belleza de la vida es un don que se nos regala y a la vez, una tarea. Unos y otros nos ayudamos a construirla y a disfrutarla.

Así lo sentí al recibir un año atrás, el mensaje de Amed Acosta, joven pre-novicio cubano, en nuestro convento de San Juan de Letrán, en La Habana. Con pocas y precisas palabras me hizo una petición: *"Padre Manuel, cuando llegue el momento, deseo recibir de sus manos el Hábito de la Orden".*

Y ha sido este deseo suyo, una llamada para mí. En silencio escuché sus palabras, y en el silencio de mi corazón las guardé. Es en este momento, cuando afloró en mi memoria la frase de Susanna Tamaro: *"Siéntate y aguarda, quédate quieto, en silencio, y escucha tu corazón y cuando te hable, levántate y ve a donde él te lleve"*[22].

Y el corazón me llevó a Sevilla, la ciudad donde me sentí tan bien. Ya Amed y Lázaro Yoerlis, habían llegado desde San Juan de Letrán, después de una ardua espera. Allí habíamos compartido muchos momentos hermosos durante dos años, ellos como jóvenes que comenzaban a discernir su vocación y yo, junto a los demás hermanos, los acompañaba con esperanza. Entonces solía insinuarles que, si es importante caminar, lo es más, acertar con el camino.

---

[21] FRANCISCO, *Homilía en la III Jornada Mundial de los Abuelos y de los Ancianos (23 de julio de 2023)*: < https://www.vatican.va/content/francesco/es/homilies/2023/documents/20230723-omelia-giornatanonni-anziani.html> [Consulta: 12 de diciembre de 2023].
[22] TAMARO, S., *Donde el corazón te lleve* (Trad. María Antonia Menini), Editorial Seix Barral, Barcelona 1994.

Desde mi comunidad, en la Residencia-Enfermería de la Virgen del Camino (León), viajé a Madrid. Pude descansar, antes de continuar la segunda etapa de este viaje, bastante largo, acompañado por mi hermana Toña y por el Padre Provincial Jesús Díaz Sariego.

Emocionado llegué al convento de Santo Tomás, donde se encuentra la Curia Provincial. Aquí viví durante doce años, acompañado por: Fernando Aporta, Carmelo Preciado, José Antonio Segovia, Francisco Rodríguez Fassio y Miguel de Burgos. Un magnífico equipo de hermanos. Encontrarme ese día con el grupo de pre-novicios y la comunidad formadora, fue para mí el mejor impulso rejuvenecedor.

En un ambiente cálido, de familia, celebramos la Eucaristía y la ceremonia de la Toma de Hábito. Yo era el más anciano de todos y en el video que me enviaron después, observé mi caminar lento al dejar el bastón en mi sitio, para acercarme a Amed, en el instante de la vestición del Hábito.

Vivimos momentos muy alegres, de fraternidad. Jóvenes y ancianos compartiendo y caminando juntos, conscientes de que no hay crecimiento sin raíces, y no hay florecimiento sin nuevos brotes.

A los dos días regresamos a Madrid. Y mientras me recuperaba del viaje me hice acompañar de un libro escrito por Ianire Angulo, "Extraordinariamente normales". En una de sus páginas nos dice cómo es frecuente que, en la mentalidad bíblica, se recurra a la imagen del árbol para referirse a las personas ancianas que, han sabido mantener sus raíces bien alimentadas y han crecido, hasta dar el fruto que están llamadas a ofrecer. Fructificar en la vejez es señal de buena salud.

En esta misma línea, aunque no lo nombre el texto bíblico, algunos consideran que el "árbol del kaki" es una imagen de la tercera edad[23]. Éste se despoja de todas sus hojas, quedando desnudo y adornado únicamente por sus frutos. Me hace recordar la primera vez que vi el árbol del kaki, en el huerto de nuestro convento de San Agustín de Córdoba.

De algún modo la calidad de los años cumplidos se evidencia en cómo nos vamos despojando de todo aquello que abulta, da visibilidad y nos hace parecer grandes. Desnudos de muchas cosas, solo hay espacio para lo verdaderamente importante, que son los frutos de amor que podemos regalar a nuestro alrededor. Pero, la calidad del fruto no se improvisa, hay que cuidar con mimo la plantación desde el inicio, y en especial, desde sus raíces.

Es lo que deseo para Amed, Lázaro Yoerlis y los demás novicios que, en Sevilla, se inician como frailes predicadores; qué regalo contar con una comunidad formadora tan buena. Les diría que conozcan bien a nuestro Padre Santo Domingo, varón evangélico, luz de la Iglesia, doctor de la verdad, predicador de la gracia…, para que se empapen y se enamoren de su espíritu.

Sed fieles y felices, porque el camino que iniciáis tiene como centro al Dios fiel, que nos regala el don de la alegría y de la fraternidad.

---

[23] Cf. ANGULO, I., *Extraordinariamente normales. Por una vida consagrada significativa*, Paulinas, Madrid 2021.

13. ANIVERSARIO SESENTA Y CUATRO DE ORDENACIÓN SACERDOTAL

Guadix, 15 de marzo de 1959 – Madrid, 15 de marzo de 2023

En estos momentos, cuando me preparo para celebrar el sesenta y cuatro aniversario de mi ordenación sacerdotal, tengo ochenta y siete años y vivo otra realidad, distinta a la de aquel 15 de marzo de 1959. Entonces, tuvieron que pedir dispensa pues faltaban unos meses para cumplir la edad requerida, y ninguno de mis seres queridos, ni padres, ni hermanos ni abuelos, pudieron acompañarme.

Hoy, con tantos años y bastantes limitaciones, pero con buena memoria todavía, deseo celebrar junto a mi buena hermana Toña; con Rosa, mi sobrina lúcida y fiel al lado de su madre; con Manolo, mi sobrino-ahijado, siempre servicial; y con los hijos de ambos. Siento que me hace bien festejar en familia este aniversario, que es de despedida, y recuerdo las palabras de Jesús en la última cena: "Ardientemente he deseado comer esta cena con vosotros antes de morir"[24]. Yo diría, antes de partir, antes de dejaros, cuando aún no nos hemos despedido. Pero necesito escribir "morir", porque con la gracia de Dios deseo ir muriendo a todo.

Imposible olvidar el gesto de postrarme en el piso de la catedral de Guadix (Granada), con la frente sobre el suelo y los brazos abiertos en forma de cruz, signo de mi disponibilidad para asumir el ministerio que se me confiaba. Tenía veintitrés años y agilidad para tumbarme y levantarme; hoy si me arrodillo no puedo incorporarme sin pedir a alguien que me ayude.

Qué actuales resuenan en mí las palabras de Jesús a Pedro: *"Te lo aseguro, cuando eras joven tú mismo te ceñías e ibas*

---

[24] Lc 22, 14.

adonde querías; cuando seas viejo, extenderás las manos, otro te ceñirá y te llevará adonde no quieras"[25]. Cuando repito esta frase me dicen: "No digas viejo, di anciano", y es verdad, soy un anciano que experimenta cómo el verbo "dejar" debo conjugarlo en primera persona: dejar reconocimientos, lugares, ocupaciones, dejarme ayudar, dejarme trabajar, dejarme sorprender por la novedad de la vida hasta el final. Qué oportunas son las palabras del hermano Rafael: *"Nada deja el que todo lo deja, porque no deja sino lo que ha de dejar quiera o no quiera"*[26].

El rito fundamental de la ordenación sacerdotal es la imposición de manos. Cuánto me impactó sentir las manos del obispo y de los presbíteros sobre mi cabeza, y emocionado me he sentido cada vez que he impuesto las manos a un ordenando. Recuerdo los nombres de los dos dominicos cubanos a los que les impuse las manos el día de su ordenación en La Habana: Fr. Léster y Fr. Raisel. Todo sucede en silencio, y en silencio se acoge al Espíritu que nos capacita para nuestra misión.

El 1 de septiembre viajé desde La Habana a Madrid, como todos los años. Pero me sorprendió la enfermedad, fui internado en el hospital y cuando mejoré los doctores me dijeron: *"Padre Manuel, su corazón está cansado"*, hay que pensar en un nuevo ritmo de vida. Los superiores al tener conocimiento de esta situación me indicaron cuál sería el destino más conveniente para mí. No pude ni podré despedirme de La Habana, de tantas personas que siento me han querido, me quieren y los quiero.

Semanas atrás recibí un mensaje de Fr. Léster, uno de mis hermanos dominicos de la comunidad de San Juan de Letrán que me decía: *"Padre Manuel, sigo pensando que su sitio está aquí"*. Mucho agradezco sus palabras que me enternecen y emocionan, pero hoy no es el verbo 'pensar' el que dinamiza mi

---

[25] Jn 21, 18.
[26] ARNÁIZ, R., *Obras completas*, BAC, Madrid 2001.

existencia sino 'escuchar'. En mi interior brotan estas palabras: *"Manuel, sé obediente hasta la muerte, tu sitio está en ti, no pienses nada, no pidas nada, aunque hayas tenido que partir sin poder despedirte, lleva contigo el cariño y el reconocimiento"*. Durante mi vida religiosa solo he pedido ir a Cuba cuando terminé mi servicio como Provincial, ahora no pido ni salir de Cuba ni quedarme allí, Dios es quien marca la ruta y en sus manos estoy.

Vine con el billete de ida y vuelta, sin apenas equipaje, ahora, debo hacer una nueva etapa en el camino, no pensada ni programada, y deseo llevar conmigo lo imprescindible, lo más mío: la riqueza de los recuerdos, de las personas, de los lugares, de las fechas…, el hábito, el rosario, los libros de rezo, la Biblia, el bastón, y el oído bien atento para escuchar lo que brota en mí. Grabadas tengo las palabras que pronunció mi formador Fr. Luis Muñoz, cuando el día de la ordenación el obispo le preguntó si me consideraba digno, y también mi respuesta: *"Aquí estoy"*.

Soy consciente de que mi vida como sacerdote es un don de Dios, el gran don de Dios. A mi edad se me pide ser don no en el hacer sino en el ser, en el silencio, sin levantar la voz, sin añorar otros tiempos.

Siempre pedí al Señor me diera tiempo para prepararme a morir…Y me lo está concediendo. Tiempo en el que no ceso de decirle: *"Dios mío, ¿qué esperas de mí? Déjame nacer de nuevo, oh, Señor, no importa la edad que tengo, déjame nacer de nuevo, dame vida nueva con tu amor"*. Y escucho su respuesta: *"Baja al taller del alfarero, déjame crecer en ti"*.

Que María, nuestra Madre del Camino, siga a mi lado y me alcance del Señor ser sacramento viviente de Aquél que comenzó su obra buena en mí, siendo cauce de su ternura y su misericordia.

"En este cuerpo mío que envejece

habita el hombre sin edad que soy.
Cuánta melancolía. Y cuánta dicha.
No sabría decir si, de las dos,
una descuella, pues ninguna acaso
quiere imponerse: se entrelazan ambas
en un sentir más hondo y sin origen.
Los años han caído uno tras otro
— o de golpe tal vez — sobre mi espalda,
pero no sobre mí, que estoy a salvo
en el ser interior que me sustenta."[27]

[27] SÁNCHEZ, E., *La rama verde*, Tusquets Editores, Barcelona 2020.

14. VISITA DEL PAPA JUAN PABLO II A CUBA: 25 ANIVERSARIO

En estos días, desde muchos kilómetros de distancia, estoy siguiendo el viaje de Mons. Beniamino Stella a Cuba, en el 25 aniversario de la visita de SS Juan Pablo II.

Un viaje esperado y que la Conferencia Episcopal Cubana preparó con el mayor esmero, como si nos estuviesen diciendo: *"Éste es el momento, ésta es la hora"*.

Y yo recuerdo cómo en la parroquia de San Juan de Letrán se ofrecieron cuarenta y ocho misioneros, para que, como Juan el Bautista, allanaran el camino. De dos en dos durante año y medio fueron visitando casa por casa, a todos los fieles de la parroquia. Compartían las respuestas a estas tres preguntas: ¿Quién es María? ¿Quién es Jesús? ¿Quién es el Papa?

El día 21 de enero de 1998, por la tarde, La Habana era una romería, todos deseaban ver al Papa, escuchar al Papa, darle la bienvenida. Cuba era un corazón latiendo al unísono.

Le vimos descender del avión y ansiosos estábamos de escuchar sus palabras, se las comparto: *"No tengan miedo de abrir sus corazones a Cristo"*. *"Que el mundo se abra a Cuba y que Cuba se abra al mundo"*. *"La Iglesia en Cuba necesita disponer de los espacios necesarios, para seguir sirviendo a todos en conformidad con su misión"*[28].

Muy grabado tengo en mi memoria lo que viví la tarde del 23 de enero en el Aula Magna de la Universidad de La Habana, en el encuentro del Papa con el mundo de la cultura. Al llegar, con gentileza el jefe de protocolo del gobierno cubano,

---

[28] JUAN PABLO II, *Homilía en la Plaza de la Revolución José Martí, La Habana*, Viaje Apostólico a Cuba (25 de enero de 1998): https://www.vatican.va/content/john-paul-ii/es/travels/1998/travels/documents/trav_cuba-1998.html> [Consulta: 10 de enero de 2023].

me condujo hasta un asiento en primera fila. Me senté pero no podía sentirme cómodo, por lo que pedí me pasaran a un lugar más discreto. La respuesta de aquel señor fue muy correcta y contundente: *"Padre Manuel, usted está en el sitio que le corresponde por la historia"*, y añadió: *"¿No fueron los dominicos los fundadores de la Universidad de La Habana?"* En aquel momento me sentí agradecido y feliz de que se hiciese memoria de la labor de mi Orden en Cuba. No se habían olvidado de nuestra historia.

Fue también en esta ocasión, en la Universidad, donde el Papa dijo: **"Recuerden la antorcha que aparece en el escudo de esta casa de estudios, no es solo memoria sino también proyecto"**. A todos se nos invitaba a mirar lo nuevo que estaba naciendo, recordar el pasado sin quedar en el pasado. Como diría Neruda: *"No es suficiente nacer, para renacer hemos nacido"*.[29]

Hacía unos pocos años, el 30 de marzo de 1995, Mons. Beniamino Stella había inaugurado el Aula Fr. Bartolomé de las Casas con una conferencia magistral: "En el adviento del Tercer Milenio".

Después de escuchar al Papa los dominicos nos preguntamos: ¿podemos abrir algún espacio nuevo?

Al igual que con el Aula, con quien dimos los primeros pasos fue con Mons. Beniamino Stella, él nos escuchó, nos animó y se comprometió a ayudarnos. Yo entonces tenía veinticinco años menos que hoy, y recordar estas fechas y la visita de Mons. Stella a Cuba despierta en mí sentimientos encontrados de añoranza y gratitud. Mucho siento no estar presente, mi momento es otro y al recordar esto no deseo añorar el pasado, porque está sucediendo algo nuevo también en mí.

---

[29] NERUDA, P., *Frase atribuida: "No es suficiente nacer, para renacer hemos nacido."* Difundida en textos y redes como expresión del pensamiento poético del autor (s.f.).

Nos queda el tiempo, no sé si será mucho o será poco, para hacer memoria agradecida, en esta ocasión por la visita del Papa Juan Pablo II a Cuba. Que sus palabras sigan hoy siendo el despertador que necesitamos para abrir espacios, abrir puertas, abrir la mente y el corazón. Y que aquella lluvia sobre La Habana, el día de su despedida, continúe siendo preludio de bendiciones para Cuba y para el mundo entero.

15. ASAMBLEA CONFEDERACIÓN CUBANA DE RELIGIOSOS
- MEMORIA 2020 -
El Caminar de la Vida Religiosa en Cuba, hoy

Mi reconocimiento a la Hermana Nadieska, al Hermano Héctor y a toda la Junta Directiva de la Confederación Cubana de Religiosos (CONCUR), por haberme confiado el presente servicio, que me hace revivir experiencias pasadas.

Me siento afortunado de haber podido leer las memorias del Congreso de la Vida Consagrada, celebrado en el Cobre el año 2015. Su lectura ha hecho que me familiarice con nuestro pasado y con lo pasado por tantos hermanos y hermanas que vivieron los diferentes momentos desde el año 1959, con una entrega generosa, que nos impulsa a dejarnos revitalizar y comprometer con nuestro hoy y nuestra hora.

"Lo que somos hoy se ha ido gestando en la historia que el Señor ha ido tejiendo, a partir de la entrega de los que nos precedieron, una historia compleja y hermosa. En el año sesenta y uno se produjo el gran éxodo, tanto de religiosos extranjeros como cubanos. Pero muchos supieron **permanecer, creer, esperar y buscar caminos nuevos** *en medio de una sociedad que consideraba a Dios algo del pasado. La Vida Religiosa en Cuba salió de sus instituciones bruscamente y sin haberlo escogido, perdió en buena medida su visibilidad… y con sencillez y a tientas compartió la vida de la gente"*[30] (Hna. Margarita Hernández Fernández, sscm).

La primera vez que visité Cuba fue en el año 1986. La Iglesia cubana terminaba de celebrar el **ENCUENTRO NACIONAL ECLESIAL CUBANO.** Lo vivió como **un acontecimiento del Espíritu,** que marcó el paso de una Iglesia de práctica

---

[30] HERNÁNDEZ, M., *Discurso inaugural Asamblea de la CONCUR*, La Habana 2020.

eclesial de mantenimiento y conservación a otra de misión; de puertas abiertas.

Su intuición profunda **hay que realizarla en la paciencia de la Iglesia, que espera siempre, aun en la noche.**[31]

Vine para ver cómo vivían mis hermanos, qué hacían y qué necesitaban. Me sorprendió encontrarme una Habana sin comercios, ni restaurantes, ni bares; era una ciudad triste. Los templos estaban semivacíos: sin catequesis, tampoco había Cáritas, ni organizaciones eclesiales. Mis hermanos vivían en medio de muchas privaciones y carencias; por Letrán venían los fieles, nunca mejor empleada esta palabra, que acompañaban a mis hermanos. Un nombre quedó en mi corazón, el del jesuita, P. Luis Peláez que, cada día acudía a las cinco de la tarde a San Juan de Letrán, se sentaba en los sillones de la galería para conversar y hacer compañía a mis hermanos.

Ellos, en medio de tantas carencias, se sentían felices de poder compartir la suerte del pueblo. Su riqueza: vivir como hermanos, una fraternidad pobre en número, pero contagiosa por el lenguaje de la vida. Una comunidad pascual; como la de la primera hora del cristianismo.

Me siento agradecido de haber conocido y convivido con verdaderos testigos, profetas silenciosos que regalaron su vida estando al lado del pueblo. Con dos de ellos me unió una fuerte amistad, por ser compañeros míos durante bastantes años.

El Padre José Manuel Fernández (el P. Pepe), que encontró fuerzas para quedarse, reclamar, velar y conservar nuestro convento de San Juan de Letrán. El otro, compañero de curso, Domingo Romero, que el año 1964 se ofreció para venir a Cuba y al que sorprendió la muerte el año 1991. Yo lo había acompañado durante la revisión a la que fue sometido en Sevilla y

---

[31] RODRÍGUEZ, A., *Discurso Inaugural del Encuentro Nacional Eclesial Cubano*, COCC, La Habana 1987.

estuve celebrando la eucaristía para despedir su cadáver. Era el día 8 de agosto del año 1991, fiesta de nuestro Padre Fundador Santo Domingo, y fue aquel día y en aquel momento cuando tomé la decisión de ofrecerme para venir a Cuba, una vez que finalizase mi servicio. El 15 de octubre del año 1993 vi cumplido mi deseo.

Aflora a mi memoria la experiencia de los peregrinos de Emaús. Después de haber hecho **ilusionados** el camino de subida a Jerusalén, para ver al Resucitado, regresan **desencantados**, y pronuncian el famoso "**nosotros creíamos**"[32]. Será después de encontrarse con el desconocido cuando se sienten ¡**fascinados!**

Nosotros generosamente hemos dejado lo que estábamos haciendo, nos pusimos en camino para venir a Cuba, y nos preguntamos ¿cómo vivimos el momento presente?

Aquí nos encontramos con la realidad que vive el pueblo y nuestra Iglesia. No es como nos lo habían contado unos y otros, y podemos sentir cierta frustración. **La cosa no es fácil, hay realidades que nos superan.**

Una expresión escuché en el viejo continente a un hermano: "*Pero eso que me dices, ¡es un cuento!*". "Ésa es la palabra correcta", le contesto, añadiendo: "Pero yo no sé contártelo, necesitas ir allí para aprenderlo…" Y es que hay cosas que pueden parecer un cuento.

Por eso lo primero que necesitamos es **conocer la realidad**, **bajando de nuestras teorías**, **acercándonos** y **caminando al lado de las personas.**

A los pocos días de estar en Cuba, escuchando y escuchándome, sentí que necesitaba **dejarme enseñar**. Imposible olvidar el regreso desde la parroquia del Sagrado Corazón de Jesús de Línea al convento de San Juan de Letrán. Había celebrado la eucaristía y un caballero muy educado, se me acercó

---

[32]Cf. Lc 24,21.

porque deseaba acompañarme. Subiendo la Avenida de los Presidentes le hice la siguiente pregunta: *"¿Por qué todos los cubanos llevan una bolsa?"* Y ésta fue su respuesta respetuosa: **"Padre Manuel, nosotros a esta bolsa la llamamos jaba... y la traemos por si acaso"**. Esta frase yo no la he aprendido en ningún libro, sino en el libro de la vida. Caminando por la calle, cerca de las personas.

Me doy cuenta que el **verbo pensar** es el de la víspera, cuando estamos preparando las maletas, antes de despedirnos de la familia. Cuando uno llega al aeropuerto José Martí, entrega el pasaporte y pasa la aduana, aflora el verbo **sentir** y a los pocos días, sin que nadie le presione, descubre que necesita **dejarse enseñar** por la realidad como el discípulo y **consiente** sentarse en el pupitre. Cuba es una escuela única y el pueblo, un libro abierto.

También viene a mi memoria la pregunta que me hicieron unos universitarios: *"P. Manuel, en Cuba, ¿han podido hacer todo lo que han querido?"* Después de escucharles pude responder: *"Ni en España, ni en Francia, ni en México o Venezuela hemos podido hacer cuanto hemos querido".* Y añadí: **"En Cuba hemos podido hacer cuanto hemos intentado. Pero, gracias a la Providencia, a la Prudencia, a la Paciencia y a la Presencia".**

Si me permiten les diría **lo que necesita el misionero antes de venir a Cuba:**

¡No traer nada! ¡Ser pura capacidad!! La mente desocupada, los ojos abiertos y el oído atento, para percibir los mensajes verbalizados y captar el eco de los suaves y silenciosos.

Descalzarse para comenzar a caminar por las sendas y caminos de la nación a la que Dios nos envía, sin sentirnos condicionados por lo que nos transmiten los medios de comunicación. Caminos nuevos, realidades nuevas, respuestas nuevas.

Después de bajar del avión y una vez que se encuentra en Cuba, el religioso lo primero que necesita es:

Acercarse para conocer cómo son las personas con las que va a vivir: Recuerdo lo que nos dijo Dulce María Loynaz: "Yo bien sé el camino que esta flor ha tenido que recorrer"[33].

Encerrar la idiosincrasia de un pueblo en unas cuantas definiciones puede parecer pretencioso, pero más bien tratamos de intuir los trazos que dibujan su patrón cultural, para que nos sirvan de "líneas guías" en nuestra misión:

RIQUEZAS: El pueblo cubano posee un carácter emprendedor, creativo, con afán de superación y una tendencia marcada hacia la solidaridad, esa virtud que no acaba con la pobreza, pero la alivia. El cubano es "expansivo" por naturaleza, comunica "a borbotones" lo que siente y, si encuentra un buen receptor que le inspire confianza, también dice lo que piensa, lo que espera, lo que le frustra. Su "buen humor" le permite sortear miles de dificultades, siendo experto en comunicar cariño y alegría.

Le preguntaron en una ocasión a un reconocido sabio:

- Maestro: ¿qué es un cubano?

Su respuesta fue la siguiente:

- "Ah... los cubanos... ¡qué difícil pregunta! Los cubanos están entre vosotros, pero no son de vosotros. Los cubanos beben en la misma copa la alegría y la amargura. Hacen música de su llanto y se ríen de la música. Toman en serio los chistes y hacen chistes de lo serio. No creen en nadie y creen en todo.

¡No se les ocurra discutir con ellos jamás! Los cubanos nacen con sabiduría. No necesitan leer, ¡todo lo saben! No necesitan viajar, ¡todo lo han visto! Son algo así como el pueblo escogido... por ellos mismos. Los cubanos se caracterizan individualmente por su simpatía e inteligencia y en grupos, por su gritería y apasionamiento. Cada uno de ellos lleva en sí la chispa de los genios y los genios no se llevan bien entre sí, de ahí que reunir a los cubanos es fácil, pero unirlos es casi

---

[33] LOYNAZ, D.M., *Poemas sin nombre*, Ed. Aguilar, Madrid 1953.

imposible. No se les hable de lógica, pues eso implica razonamiento y mesura y los cubanos son hiperbólicos y exagerados (...)

Ah...los cubanos... No puedes vivir mucho tiempo con ellos, pero es imposible vivir sin ellos.

Ámalos, respétalos y déjalos ser "cubanos".

Es imprescindible estar atentos para que no pasen desapercibidos los "brotes de primavera", lo germinal que aparece en "el ahora sin salida" de cada persona. Lo nuestro es cuidar lo frágil, captar los sonidos en "8D" para que penetren nuestra alma y nos hagan escuchar y ver lo que por lo general pasa desapercibido.

Pero, como *"el corazón del hombre es como la Tierra, una mitad iluminada por el sol y la otra en la sombra. Ni siquiera los santos tienen luz en todas partes"*[34], también este querido pueblo tiene sus **DEBILIDADES**: en primer lugar, me refiero al "daño antropológico" del que Dagoberto Valdés se hace portavoz, como quebranto de la esencia humana y que se manifiesta en el relativismo moral, en el deterioro de valores y virtudes, en esa atrofia o parálisis de una o varias de las capacidades de cada persona para ser ella misma y no una copia de otras. Además, el cubano de hoy está herido de desesperanza, le falta un proyecto de vida, y me atrevería a asegurar que en la mayoría se percibe un visible descontento y desconfianza.

Tomar conciencia de estas "debilidades" nos impulsa a poner manos a la obra para remediarlo. Lo nuestro es amar con el Amor que hemos recibido, creer en las personas y "crear condiciones".

NUESTRO QUEHACER EN CUBA:

---

[34] TAMARO, S., *Donde el corazón te lleve*, Ed. Seix Barral, Barcelona 1994.

Ya no vivimos a la sombra del 11 de septiembre de 2001, cuando la caída de las Torres Gemelas, porque el 2020 nos ha traído la experiencia de una conmoción mayor: la pandemia del Coronavirus.

Ha caído nuestro orgullo occidental de ser omnipotentes protagonistas del mundo moderno, señores de la ciencia y del progreso. Y hemos comenzado a sentirnos más interdependientes, todos vulnerables, responsables del destino común de la humanidad.

El mar no está en calma, bien lo sabemos, y no dejan de asaltarnos las preguntas: **¿Qué signos puede ofrecer la Vida Religiosa en este "nuevo mundo"? ¿Cuáles son los "matices" que darán permanencia a nuestra significatividad?**

El "Yo me quedo en casa" no ha terminado con la pandemia, es una invitación continua a entrar en lo profundo de nosotros mismos, para también hoy, en medio de este invierno, descubrir el "verano invencible" que como consagrados estamos llamados a promover y contagiar.

La Vida Consagrada después del 2020 no será la misma. Nos ha "tocado" el dolor común, también el maravilloso testimonio de tantos que han sido capaces de entregar la vida por cuidar de otros. ¡No permitamos que nada se pierda! Recojamos las "migajas" de la historia, lo que cae de la mesa humana, elegantemente adornada de poderes pero también, cómo no, de sencillas "semillas del Verbo".

Permítanme compartirles las pistas que intuyo nos "abrirán los ojos" para reconocer esos signos de los tiempos y darles una respuesta creyente, creíble e inteligible:

1- Hoy la Vida Consagrada recibe la llamada urgente a Ser Verbo, no sustantivo. Los humanos tenemos la manía de convertir realidades que están vivas - permanentemente inquietas - en sustantivos estáticos, en etiquetas sin vitalidad, que siempre expresan lo mismo.

Lo nuestro es "ser, hacer y decir", porque antes nos hemos sentido "amados, llamados y enviados" por Aquél que siempre nos lleva la delantera. No son los discursos ni las descripciones quienes nos definen sino las acciones, los gestos, las convicciones que emergen de nuestro encuentro con Jesús de Nazaret. Y si de verdad emergen de ese encuentro, serán "verbos" que como lluvia empaparán la tierra reseca de los corazones de nuestros hermanos, de nuestros pueblos y ciudades.

2- Así lo ha entendido la Congregación para los Institutos de Vida Consagrada y Sociedades de Vida Apostólica, en las cartas que nos envió durante el Año dedicado a la VC. Nos ha querido decir: ¡Ustedes son Verbo, no Sustantivo! Y, por tal razón, ha utilizado verbos como títulos de sus cartas: ¡Alegraos!, ¡Escrutad!, ¡Contemplad!, ¡Anunciad!, y por último, "Para vino nuevo, odres nuevos", que podemos titular: ¡Transformaos! Verbos en imperativo, que expresan la urgencia de esta tarea de dejarnos conducir por el Espíritu.

3- Es así como la Vida Consagrada es **PROFECÍA**, desde el Ser, también desde las palabras, pero que éstas siempre sean "palabras con raíces", afincadas en la Roca que es Jesús y su Evangelio, para que las "ramas del quehacer" florezcan con coherencia y sean fecundas.

QUE NOS VEAN ENCANTADOS para Encantar:

Nuestra tarea es devolver el encanto a la vida consagrada. (Cómo no recordar aquellas palabras que tanto repetía el Padre Oscarito Herrera, SJ, q.e.p.d. para describir su modo de ser y estar: ¡Encantadísimo de la vida!)

Nos dejó dicho Álvaro Rodríguez Echevarría F.sc.: "*Me parece que el reto más grande que tenemos es el de devolver a la vida consagrada todo su encanto. La palabra encanto se refiere a todo aquello que produce atractivo, suave frescor y estimulante optimismo.*

Despierta gracia y fantasía. Por su naturaleza hace brotar fuerza, entusiasmo e ilusión".[35]

ESTAMOS LLAMADOS A SER VINO NUEVO EN ODRES NUEVOS

Me parecen muy oportunos los cinco caminos que esboza Vicente Vide para la nueva evangelización en su obra "Comunicar la fe en la ciudad secular". Creo que esos cinco caminos son también los que tiene que transitar la vida religiosa si quiere ser en el siglo XXI Odre Nuevo que contenga el Vino Nuevo que es Jesús de Nazaret.

"El primer camino es la búsqueda del sentido de la vida; el segundo la belleza, umbral del misterio; el tercero, a Dios por la ciencia; el cuarto la espiritualidad, sendero de trascendencia y el quinto, el testimonio y la caridad". Son cinco caminos imprescindibles que, en realidad es uno: Dios.

1- El religioso del siglo XXI debe centrar su vida en Aquél que le dio sentido, superando, en palabras del Papa, la tentación de ser "funcionario".

2- Es necesario, también, recrear la propuesta de seguimiento cuidando la belleza en lo que celebra y vive, superando así, la mediocridad y el "todo vale".

3- Tiene opción de abrirse a la formación interdisciplinar porque ha descubierto que es imposible conocer a Dios, sin el conocimiento y el amor al mundo en el que Él se manifiesta.

4- Puede transformar los caminos de actividad, voluntarismo y consumo, en misión en el que las comunidades sean auténticas "escuelas de espiritualidad" y, en ellas, los religiosos y religiosas maestros del Espíritu para nuestro tiempo.

---

[35] RODRÍGUEZ, A., *Pasión por Cristo, Pasión por la Humanidad*, Congreso internacional de la Vida Consagrada, Ed. Paulinas, Roma 2004.

5- Finalmente, puede experimentar un doble éxodo, sociológico y económico, viviendo un viaje (sin retorno) hacia la periferia, la inmigración, la interculturalidad... hacia la calle.

La clave está en **dos verbos**: **abrir** (puertas) e **inaugurar** (estrenar caminos con recorrido). Me temo que sin el uno, nunca se dará el otro.

Contamos con un estilo de vida posible para este tiempo, pero con formas y esquemas que clarísimamente han caducado. Por eso se impone un ejercicio intenso de encontrar las claves en las cuales puede desarrollarse hoy una forma de entrega evangélica que sea total, gratuita y duradera.

Esta era necesita claridad y que dediquemos tiempo a lo que necesita más tiempo y relativicemos algunos esfuerzos que hoy más que generar vida nos desgastan.

La tarea pedagógica y terapéutica de la Vida Consagrada tiene tres frentes abiertos: uno es el encuentro con Dios (silencio, contemplación e interioridad), la comunidad no crece ni con dinámicas, ni con ejercicios de aparente comprensión de la realidad, sino con Dios vivido en este tiempo, y dos, la traducción de nuestra existencia a esta realidad, sobre todo, a los heridos y heridas de la vida. Y tres, recrear una estética de la fragilidad y la pobreza.

Creo que estos tres principios los necesitamos todas las edades y culturas, nos unen y además nos proporcionarán el impulso misionero y profético que hoy parece amenazado. Harán probable y posible esa vida consagrada fresca, significativa, genuina que tanto necesita nuestro pueblo.

16. CRISTO, BUEN PASTOR
QUÉ ME DICE O QUÉ NOS DICE HOY

- Charla a los pre-novicios en San Juan de Letrán -
La Habana - Julio, 2022

Al preparar esta charla venía a mi mente el testimonio de Juan el Bautista, cuando los sacerdotes y levitas le preguntaban: "¿Quién eres tú?"[36] Nosotros hoy nos acercamos a Jesús y le hacemos la misma pregunta: ¿Quién eres? Él nos responde con su Palabra y a la vez nos interroga a cada uno.

Vosotros, que estáis estrenando la vida, hoy os habéis acercado a San Juan de Letrán, y probablemente vuestro corazón sienta inquietud y deseos de conocer más de cerca la vida consagrada y sacerdotal. Permítanme que les haga la misma pregunta que Jesús le hace a sus discípulos en el Evangelio de Juan: ¿Quién decís que es Él? ¿Quién es Jesús para vosotros? Y añado: ¿Qué decís de vosotros mismos? ¿Quién dicen los otros que sois?

Jesús habló en primera persona y afirmó: "Yo soy el buen pastor"[37]. Ésta es la **cuarta** de las siete declaraciones «Yo soy» de Jesús registradas. Él se describe a sí mismo no sólo como «**el Pastor**», sino como «el Buen Pastor».
- ¿Qué diferencia hay entre ser bueno, ser Pastor y ser el Buen Pastor? El único Bueno es Dios.

Debe entenderse que Jesús es el Buen Pastor, no simplemente un buen pastor, como otros pueden ser, sino que es único en su carácter: "El Señor es mi pastor; nada me falta. En verdes praderas me hace descansar, a las aguas tranquilas me conduce, me da nuevas fuerzas y me lleva por caminos rectos, haciendo honor a su nombre"[38].

---

[36] Cf. Jn 8,25.
[37] Juan 10,11.
[38] Cf. Salmo 23.

La palabra griega *kalos*, describe lo que es noble, sano, bueno y bello, en contraste con lo malo y desagradable. Significa no solo lo que es bueno interiormente, sino también lo que es atractivo exteriormente. Es una bondad innata que se irradia, se comunica.

Preguntémonos: ¿Qué transmite mi vida de joven creyente? ¿Son mis palabras auténticas y mis comportamientos coherentes?

Por lo tanto, al usar la frase «el buen pastor», Jesús está haciendo referencia a Su bondad inherente, Su justicia, Su verdad, Su humildad y Su belleza. Como el pastor de las ovejas, Él es el que **protege, guía y nutre** a su rebaño.

Los pastores de la antigüedad no eran generalmente los dueños del rebaño. Sin embargo, se esperaba que ellos ejercieran el mismo **cuidado y preocupación** que los propietarios. **Esto era característico de un verdadero pastor.**

Así, Jesús dio su vida en la cruz como «el Buen Pastor». El que salvaría a otros, aunque tuviera el poder, no escogió salvarse a sí mismo. «El Hijo del hombre no vino para ser servido, sino para servir y dar su vida en rescate por muchos»[39].

¿Nosotros hemos venido a ser servidos, a servirnos de los demás o a servir a todos? ¿Cómo creéis que debe ser nuestro servicio?

Podemos sentirnos en ocasiones como "ovejas sin pastor", contagiados por el desconcierto, la desesperanza, el deseo de huir, de "resolver" o "inventar"… Pero, somos creyentes (ojalá creíbles…), confiamos en Dios que nos precede en el amor y nos elige, nos llama a un proyecto de vida con sentido. Vosotros estáis aquí porque deseáis descubrir vuestra vocación, vuestro sitio en la vida.

- Jesús, el Buen Pastor nos habla de cercanía, Él no se entiende a sí mismo sin una relación profunda con el Padre, y

---

[39] Mt 20,28.

precisamente ese vínculo "afectivo" es el que le permite ser bueno con todos. También con quienes piensan diferente o van por otros derroteros. ¿Cuánto tiempo dedicamos a la crítica, comentando de los otros o quejándonos?

- Seguir a Jesús significa implicarse en un **proceso de identificación con sus sentimientos, con su misión.** Asumir la historia de nuestros contemporáneos no como un "noticiero" sino como una realidad que nos llama a **conocerla, a compadecernos, a consolar, a acompañar, sin quedarnos con los brazos cruzados.**

- **Permitidme que les comparta una experiencia** que tuve hace ya muchos años. Recuerdo perfectamente el lugar y el momento en que fue. Yo había estado enfermo del tifus, durante 4 meses, me encontraba en la enfermería de Granada y mi superior me mandó en verano a descansar y a reponerme en los altos del Puerto de Pajares, en los límites entre Asturias y León. Allí, cerca de la estación de esquí había un centro minero. Ya habían pasado dos meses y una tarde uno de los mineros me sorprendió llamándome: "Hola, cura, yo quiero hablar con usted". Con mucho gusto le presté atención, le pregunté a qué hora le venía bien y fijamos el momento oportuno. Cuando nos encontramos, sin muchos rodeos, me dijo: "Cura, me gustaría que usted conociese a mi novia". Le respondí: Encantado, ¿cuándo me la puede presentar? Su respuesta no se hizo esperar, se agachó y con la mano levantada me mostró una bota de vino, afirmando: "Ésta es mi novia, y le voy a decir cuándo tomé la decisión de elegirla por novia. ¿Usted ha oído hablar de la guerra civil española?, el año 1939 yo maté a cuatro sacerdotes, cuando se enteraron mi esposa y mis hijos, su reacción fue inmediata, me echaron de casa. Al encontrarme sin saber a dónde ir vine a la mina y me hice barrenista, que es el oficio más arriesgado. No tengo familia, no tengo ilusión, no tengo esperanza de vivir. Deseo que si estalla el grisú ser el primero en morir". Así ese día lo escuché y los siguientes volvimos a dialogar. Ganamos confianza hasta que llegó a decirme: "Padre cura, ¿le puedo pedir una cosa: usted podía confesarme? Le contesté que yo todavía no era sacerdote, me faltaban dos años para ordenarme, pero podía hacer algo y se lo expresé: "Si usted me da la dirección de su esposa y su número de teléfono me comunico con ella, si no tiene inconveniente".

A mi regreso a Granada la llamé, me presenté y le dije que su teléfono me lo había dado Jaime. Se emocionó la señora cuando escuchó que conocía a su esposo y me preguntó cómo vivía. Le conté el gran dolor que lo embargaba, pero sobre todo su gran deseo de rehacer su vida. Me atreví a preguntarle si ella estaba dispuesta a recibirlo otra vez en su casa, pues él estaba arrepentido de sus acciones pasadas. Con lágrimas en los ojos me respondió afirmativamente, llevaban dieciséis años separados.

Fue una escena enternecedora y extraordinariamente impactante, me hacía recordar la parábola del hijo pródigo. No transcurrió mucho tiempo cuando Ramona y Jaime iniciaron un camino de reconciliación, fueron muy dóciles y no tuvieron ningún reparo para hacer los cursillos de cristiandad. Éste fue el primer paso para recuperar la felicidad perdida. A partir de entonces cuando llegaba la navidad la primera felicitación que yo recibía era la de Jaime y Ramona... Somos un misterio.

Qué gran tesoro se nos ha regalado como Pastores. Nuestra respuesta si es fiel tiene el rostro de la cercanía: **cercanía con Dios, cercanía con los que nos rodean, cercanía con el Obispo, cercanía con el pueblo de Dios.**

17. SANTO DOMINGO DE GUZMÁN

Triduo Preparatorio - Año 2022

Me encanta este templo de San Juan de Letrán, donde llevo tantos años viviendo, porque es un canto a la luz y un canto a la historia de la Orden de los Dominicos.

Estamos celebrando la preparación para la fiesta de nuestro Padre Santo Domingo y recuerdo una leyenda que me contaban allá por los años 1953, cuando yo profesé en la Orden.

Santo Domingo falleció un 6 de agosto y cuando llegó al cielo pidió urgente una entrevista con San Pedro, porque al llegar no veía a ninguno de sus frailes o monjas, y le expuso esta tristeza al apóstol. Y él le dijo: *"Acompáñame y los verás, están debajo del manto de mi Madre. Ella los protege y Ella los cuida. En el cielo se les conoce con el nombre de los hijos de María, los frailes de María"*. El vitral que preside este crucero recuerda dicha leyenda.

El vitral del ábside que queda a mi izquierda representa la visión de Santo Domingo en la basílica de San Pedro de Roma, cuando se le aparece Jesús y le dice: *"Ve y predica"*. Entonces San Pedro le entrega el báculo y San Pablo, sus epístolas.

I. Domingo, varón evangélico, hablaba con Dios o de Dios

Santo Domingo anduvo por los caminos del Evangelio. Lo más propio suyo, que lo hace varón evangélico es la Caridad, la Misericordia y la Compasión.

La Caridad es lo primero que incluye en su testamento, legó todo lo que poseía diciendo: *"Éstas son, hermanos carísimos, las cosas que os dejo para que las poseáis por derecho hereditario. Tened caridad, guardad la humildad y abrazad voluntariamente la pobreza"*[40].

---

[40] GUZMÁN, D., *Testamento espiritual*, en: VALERO BAJO, C. (pról.), En la mesa con Santo Domingo, Ed. San Esteban / Edibesa, Madrid 2021.

Santo Domingo se dio cuenta del momento que vivía la Iglesia y el mundo en el que nació, en la Edad Media, y decía: *"En tiempos de Jesús los cristianos eran de oro y los cálices de barro, en el tiempo que me toca vivir a mí los cálices son de oro y los cristianos de barro".*

Dos heridas padecía la Iglesia: la riqueza y la ignorancia. Santo Domingo, al constatar esta realidad no se llenó de amargura sino que sintió la llamada a amar a la Iglesia, colaborando en la reforma y en la mejora de la misma. El día lo dedicaba al prójimo y la noche a Dios.

II. Santo Domingo varón apostólico

El varón evangélico se convierte en varón apostólico. Para sustentar el ministerio de la predicación propuso los siguientes pilares:

- La oración: Domingo hablaba de lo contemplado en la oración.

- La pobreza evangélica: San Francisco se enamoró de la pobreza y Santo Domingo se desposó con la verdad. La verdad que se encuentra en los libros y la verdad que se lleva en la vida, para que no se quede en teoría.

- La solidaridad con los pobres: Escucha el clamor del pueblo y quiere dar respuesta al drama humano, anunciando el Evangelio.

- La vida comunitaria.

- La Verdad: La predicación no era para Domingo una simple profesión; era una auténtica vocación. Su vocación apostólica le llevó al servicio de la Verdad. Hablaba de la experiencia que él tenía de Dios. Es doctor de la verdad, Dios lo llama a ser luz e iluminar con el Evangelio de la Verdad.

18. HERMANOS DESDE EL ALBA HASTA EL ATARDECER

- A Fr. Cirilo González Santamaría -

Hay personas que forman parte de nuestra historia, porque la Providencia les ha colocado junto a nosotros en varios tramos del camino. Tal es el caso de Fr. Cirilo González a quien conocí cuando éramos adolescentes, por los años 50, y a quien despedí siendo los dos ancianos, un día de tormenta en el convento de San Juan de Letrán, en La Habana. Los dos éramos como Fr. Bartolomé de las Casas, dominicos "de las dos orillas", de los dos mundos.

A Fr. Cirilo lo vio nacer el corazón de la profunda Castilla, en Torrelara, Burgos, un 22 de julio de 1935. Con doce años siente la llamada del Señor y entra en la escuela apostólica Nuestra Señora de Gracia, en Almagro, donde toma el hábito de los dominicos el 27 de septiembre de 1952. Emite su profesión en el convento Santa Cruz la Real de Granada, el 29 de septiembre de 1953 y el 15 de marzo de 1959, recibimos los dos el Orden Sacerdotal. Teníamos entonces veintitrés años.

En 1964 es enviado a Madrid para hacer un Diplomado en Ciencias Sociales y otro en Teología Pastoral. Su primer destino será la casa de Santo Domingo de Scala Coeli en Córdoba, allí trabaja en la Universidad Laboral como profesor y Director Espiritual. Luego, en el convento de San Pablo de Armilla, Granada, se desempeña como Maestro de Estudiantes. Más tarde, regresa a Córdoba y es nombrado Párroco de San Martín de Porres, Profesor de Religión y Director Espiritual del Colegio Cervantes-Maristas.

Un año después de mi llegada a La Habana, en el 1994, pide ser enviado a Cuba. Nosotros, que habíamos coincidido desde la Escuela Apostólica, volvíamos a compartir la suerte allende los mares. Para esa fecha los dos teníamos cincuenta y nueve años de edad. Habíamos sobrepasado el meridiano de la vida y con ilusión aprendíamos a abrir caminos nuevos sumergiéndonos en una realidad nueva que nos invitaba a integrar diferencias y sumar esfuerzos.

Es nombrado párroco del Sagrado Corazón de Jesús, en La Habana y al año siguiente se le envía a Trinidad, donde permanece hasta principios de julio del presente 2021.

Aquí se destaca por su incansable labor pastoral, dándole prioridad a la formación y al servicio caritativo. Desarrolló con tesón el acompañamiento de programas formativos dirigidos a diversos grupos: Tercera edad, niños, discapacitados y síndrome de Down, VIH, Pastoral Penitenciaria y Visitadores de enfermos. Además, se preocupaba de los más desfavorecidos, ofreciendo desayuno a ciento cuarenta y cuatro personas en barrios marginales, servicios de lavandería, medicamentos y útiles de primera necesidad.

Podemos decir que la frase de nuestro Padre Santo Domingo se hacía vida en él: *"No quiero estudiar en pieles muertas mientras hayan personas que mueren de hambre"*. Hambre material y sobre todo, hambre de Trascendencia, de formación y espiritualidad.

Sus últimos días en Cuba los vivió en San Juan de Letrán, a donde lo trajimos al ver cómo su estado de salud se deterioraba con rapidez. Juntos teníamos pensado celebrar nuestro ochenta y seis cumpleaños, pero no pudo ser.

Sin embargo, la Providencia nos volvió a regalar la ocasión para celebrar la fraternidad, el cuidado solícito de unos por otros, la inmensa riqueza de la Iglesia en Cuba porque la enfermedad de Cirilo fue "enfermedad compartida" por las religiosas, los doctores y las personas que en ningún momento nos dejaron solos. Gracias a todos pudo ofrecérsele el tratamiento adecuado y gestionarse su rápido traslado a España.

En mi escritorio tengo la última foto que nos tomamos antes de su partida, los dos de la mano apoyándonos en el bastón de caña de bambú. Sus ojos le iban diciendo adiós a la vida, al tiempo que me daba las gracias por regalarle un bastón semejante al mío, "de los que se doblan pero no se rompen".

Dos semanas después de su llegada a la Enfermería de Villava, el 29 de julio, Cirilo se despedía de este mundo y volvía a la casa del Padre. Teníamos el billete para viajar juntos a Madrid, el próximo 2 de septiembre de 2021, pero él se me ha adelantado en el viaje "más largo".

Descansa en paz, querido hermano, desde el alba hasta el atardecer caminamos muy cerca, intercede por nosotros para que continuemos fieles, siendo predicadores de la Palabra hasta el fin, como tú.

19. LAS HUELLAS DE UN VIAJE

"Un viaje se vive tres veces: cuando lo soñamos, cuando lo vivimos y cuando lo recordamos."

En estos momentos, cuando llego a las cumbres "blancas" de la vida y las articulaciones sienten, y se resienten, con el paso del tiempo, necesito encontrar un espacio para escucharme. Dentro y fuera de mí habita el sosiego, posibilitando que broten espontáneas las palabras: *"Me acuerdo de los tiempos pasados, medito todas tus acciones y reflexiono en las obras de tus manos"*[41].

A los ochenta y ocho años de edad puedo afirmar que, las vivencias de gratitud han sido muy importantes en mi vida. A través de la historia, el Dios silencioso del amor me ha acompañado y sostenido, sin levantar la voz.

Alguien ha dejado escrito que, recordar no es únicamente poder repetir en el mismo orden las palabras, sino que se trata más bien de volver a pasar lo vivido por el corazón[42]. Y al pasar, aflora la gratitud, espontánea y fresca, como el agua de un manantial inagotable.

Martin Buber nos dijo: *"Envejecer es algo espléndido, cuando hemos aprendido qué significa comenzar y recordar…"*

Mi vida ha estado marcada por un viaje, que me llevó a cruzar los océanos y llegar hasta la otra orilla, allí donde las personas hablan cantando y riendo: a la Mayor de las Antillas. De esta experiencia vivida en Cuba, durante treinta años, diría

---

[41] Sal 143, 5.
[42] Cf. ANGULO, I., *Extraordinariamente normales. Por una vida consagrada significativa*, Paulinas, Madrid 2021.

como José Martí al referirse a su poesía: *"Es la que es, a nadie la pedí prestada"*[43].

Y fue posible, porque pude ir, acercarme a la realidad y conocerla, dejándome enseñar.

Los tres frailes que allí vivían: Fr. Pedro Argüeso, Fr. Domingo Romero y Fr. José Manuel Fernández (Padre Pepe), nada me habían pedido ni me habían forzado, pero con ilusión y tiempo preparé lo necesario para visitarlos. Entonces me encontraba prestando el servicio de Provincial, por lo que en los preparativos conté con la ayuda de los hermanos de México y Venezuela. Las maletas siempre iban llenas.

Imposible olvidar las veces que tuve que acercarme a la agencia Viñales Tours, en el Distrito Federal (México) para obtener el billete. Gracias a una buena persona, llamada Cristina, se me allanaron los caminos, después de varios intentos fallidos.

Mi corazón se esponja escribiendo estas vivencias. Cuando el avión llegó al aeropuerto de La Habana, antes de bajar, pude ver a dos de mis hermanos, con el hábito blanco, aguardándome. ¡Qué bien habían aprendido a esperar!

Uno de ellos, el Padre Argüeso, de tan grato recuerdo, fue quien siendo prior mandó construir el segundo piso del convento de San Juan de Letrán. Luego, en el año 1960, tuvo que marcharse en el barco "Covadonga", y años después, cuando llegó el momento, fue el primero que se ofreció para regresar, después de presentar su renuncia como superior del convento de San Jacinto de Sevilla.

Lo acompañaba Fr. José Manuel, el único fraile que quedó en Cuba después de la revolución y que, en la hora de las expropiaciones, se atrevió a acercarse al responsable del Partido Comunista Cubano, para decirle: *"Ésta ha sido mi casa, ¿me podría*

---

43 MARTÍ, J., *Obras completas*, Ed. de Ciencias Sociales / Centro de Estudios Martianos, La Habana 1975.

dar la llave del convento?" Muchas veces me he preguntado: ¿De dónde sacó las fuerzas y el coraje?

El militar, después de haber consultado, le dio la llave y le ofreció compañía. Con educación, el Padre Pepe declinó su propuesta y allí se quedó, con la llave del convento y con Dios como el mejor compañero. Solía comentarme en voz baja: *"Manuel, escogí la habitación que da a la calle 19 e I, por si en algún momento tenía que salir de prisa"*.

¿Quién ha dicho que no hay testigos? Es preciso tener una mirada capaz de distinguirlos, y yo he tenido la suerte de haberlos conocido y compartido con ellos. Son silenciosos pero elocuentes; cuando nos acercamos a sus personas sentimos la llamada a no hacer uso de muchas palabras.

El tercer fraile, se encontraba a trescientos diecisiete kilómetros de La Habana, vivía en Trinidad, una de las Villas. Habíamos sido compañeros de estudios desde el año 1947 hasta el 1953, en Almagro. La habitación que ocupé, durante los años de filosofía y teología, en Granada, estaba contigua a la suya. Era un fraile sincero y veraz.

De pequeño escuchaba a mis paisanos decir: *"Más se perdió en Cuba"* pero en el caso de Argüeso, Domingo y Pepe, ganamos el gran regalo de sus vidas entregadas, gastándose y desgastándose, sin amargura. Muy poco tenían, pero muy felices eran.

Fui sin prisas, pude conocer dónde vivían y lo que hacían. Sus comunidades eran vivas y dinámicas. Con ellos compartí durante un mes largo y regresé a España enriquecido por el testimonio que, sin alzar la voz, me regalaron. Nada me pidieron y de nada se quejaron.

Y el viaje continuó… de La Habana a Madrid, Madrid-Sevilla. Al regresar necesitaba descansar, el cambio de horario deja su impronta. Pero antes, afloró en mi corazón la necesidad de abrir la Biblia y leer despacio el capítulo 43 del libro del

Génesis. Lo acogí y mis sentimientos se identificaron con los de José, cuando tuvo que darse prisa para no llorar delante de todos, al ver a su hermano menor[44]. Precisaba dar cauce a mis emociones estando solo. Llorar es una manera muy original de agradecer.

No habían transcurrido muchos meses, cuando tres frailes me llamaron por teléfono, ofreciéndose para ir a Cuba. De España, Pedro Román e Isidoro Cañizares, y Antonio Quintanilla que estaba en Venezuela. En lugar de tres, serían seis, aunque en Trinidad seguiría solamente Domingo.

Pasados unos años, el Padre Domingo, enfermó y tuvo que viajar a España para una revisión médica a causa de una hernia. Fue internado en el hospital Santa Isabel de Sevilla, donde pude acompañarlo junto a Fr. Carmelo Preciado y otros hermanos.

Al darle de alta, el doctor que le atendió leyó el informe y me dijo: *"Padre Provincial, hay que tratar la hernia del Padre Domingo, pero hay que pensar primero en tratar su corazón"*.

A finales de julio de 1991 los dos concelebramos la Eucaristía, antes de ir unos días de descanso con nuestras familias. Él viajó a Portugalete, Bilbao, en el Talgo, y yo en autobús de Alsa, a Benavente.

Transcurrió la primera semana y recibí una llamada telefónica sorpresiva. Era Inés, una de las hermanas del Padre Domingo, para comunicarme que él había fallecido.

Me contó que, tan pronto llegó a Portugalete, se dirigió al hospital San Juan de Dios, obedeciendo las indicaciones del doctor. Lo acompañó otro de sus hermanos y al llegar a la consulta, el Padre Domingo, con buen humor, expresó: *"Doctor, usted sí que va a tener suerte, porque me está comenzando el dolor en el pecho"*. El médico le indicó que se recostara en la camilla para reconocerlo, y al hacerlo, su corazón se partió en dos.

---

[44] Cf. Gn 43,30.

De inmediato tomé el tren para ir a Bilbao. Pude estar al lado de su madre y de sus hermanos.

El día 8 de agosto de 1991, festividad de Nuestro Padre Santo Domingo, presidí la Eucaristía y celebramos su funeral. Qué grato recuerdo tengo del Padre Prior y de la comunidad de dominicos de Bilbao; en su panteón descansan los restos de nuestro querido Fr. Domingo Romero.

Y fue ese día, al finalizar la Santa Misa y el entierro, cuando escuché que el Señor me llamaba y me pedía ir a Cuba.

Lo guardé en silencio, esperando la elección del nuevo Provincial. Llegado el momento expuse mi deseo y fui escuchado. Meses más tarde me enviaron a mi nuevo destino: el convento San Juan de Letrán, en La Habana.

Era el año 1993, y me parece escuchar mis propias palabras, cuando el Dr. Carneado me dijo que no era un momento propicio para ir a vivir en Cuba. Le respondí: *"Querido doctor, yo vengo, pero es Dios quien me trae"*.

Y hoy añado: también es Dios quien me ha traído de regreso a España, cargado de años, pero aún con tiempo de recordar y de volver a vivir el viaje, los viajes de mi larga vida.

El camino ha estado poblado de rostros concretos y de relaciones gratificantes. Como el caso de Manuel Añel, cubano y habanero, de quien me hablaron los hermanos de Venezuela. De joven se había relacionado con los frailes de Letrán y, en su corazón albergaba el deseo de expresarles su gratitud de alguna manera. Fui a Estados Unidos para conocerlo, me invitó a su casa, compartí con su familia y no se pudo portar mejor. Desde entonces se ha convertido en un colaborador fiel y discreto con nuestras obras en Cuba. Qué verdad es el refrán que dice que uno es el que siembra y otro es el que cosecha.

En esta hora y en este lugar, donde tan bien me siento, hago mías las palabras de Eliseo Diego, nuestro poeta vecino del Vedado:

"… No poseyendo más, en fin,
que mi memoria de las noches y
su vibrante delicadeza enorme;
no poseyendo más
entre cielo y tierra que
mi memoria, que este tiempo;
decido hacer mi testamento.
Es éste:
les dejo
el tiempo, todo el tiempo"[45].
Todo el tiempo para agradecer y para ser feliz.

---

[45] DIEGO, E., *Testamento*, en: *Poemas*, Ed. Letras Cubanas, La Habana 1994.

20. DE HERMANO A HERMANO
- Carta a Fr. Timothy Radcliffe -

Querido Fr. Timothy:

Por los medios de comunicación me he enterado que el papa Francisco nombrará veintiún Cardenales. Seguí la noticia con curiosidad y, al ver tu nombre en la lista, sentí el sano orgullo de conocerte y contar con tu amistad.

Desde entonces, con el mayor interés he leído la prensa y he estado atento a los canales informativos, para enterarme de lo que dices tú a los Padres Sinodales y de lo que otros puedan decir de ti.

Hace muchos años que nos conocimos y reconocimos como hermanos comprometidos con nuestra hora, porque como reza la frase atribuida a San Juan Pablo II: *"Si uno no se mantiene como hombre de su tiempo, se atrasa, y quien se atrasa queda descalificado para cumplir su misión"*. Hemos podido compartir experiencias e implicarnos en la búsqueda conjunta, intentando abrir caminos nuevos, al servicio de los hombres de nuestro tiempo.

Nos encontramos en un momento nuevo en el que el desafío no es lo que vamos a decir, sino cómo vamos a vivirlo.

Tenemos palabras encantadoras, pero, ¿qué raíces tienen esas palabras? Nosotros los dominicos, fuimos fundados para combatir el dualismo, entre palabra y experiencia, que priva de poder a nuestras palabras.

"Podemos ser de esos que no tienen miedo a reunirse para discutir, para pensar distinto. La especialidad de la casa es disputar. No hablar a la gente sino hablar con la gente"[46].

---

[46] RADCLIFFE, T., *Meditación en el Aula Pablo VI durante el Sínodo sobre la sinodalidad*, Ciudad del Vaticano 2023: <https://www.vaticannews.va/es/vaticano/news/2023-10/cuarta-meditacion-radcliffe-retiro-sinodal.html> [Consulta: 10 de octubre de 2023].

La primera vez que nos encontramos fue en el Capítulo General de Oakland, California, en el año 1989. Recuerdo que una tarde, los hermanos de la comunidad de Berkeley, nos invitaron a los dos para compartir la cena con ellos. Tú no sabías pronunciar en español más palabras que *"Oh, Manuel"* y yo, sin ser capaz de hablar inglés, solo te respondía: *"Oh, Timothy"*. Sin embargo, entre nosotros fluyó una corriente de empatía gratificante, llamada a perdurar en el tiempo. Cierto es que la amistad es el corazón de la espiritualidad dominicana.

De Berkeley regresamos a Oakland, donde se nos daba la noticia que mucho nos alegró a todos: A Fr. Dominik Duka, Provincial de Bohemia, después de muchos años viviendo en la clandestinidad, le concedían el permiso para asistir durante unos días al Capítulo. Fue un acontecimiento único. Cuando llegó, después de darle la bienvenida con un fuerte abrazo y un aplauso, nos fuimos a la capilla para orar y darle gracias a Dios.

Otro encuentro fue en Praga, una de las ciudades más bellas que he conocido. La reunión se desarrolló en el sitio donde había estado funcionando Radio Praga, la emisora que, cuando yo era estudiante, buscábamos poder escuchar aunque fuese a escondidas.

El último día nos invitaron a conocer el convento de los frailes. Recuerdo las palabras que había dicho Fr. Duka al entrar en el convento abandonado: *"Así ocurre con la vida religiosa por aquí; está como hace cuarenta años, pero, además, está llena de polvo"*[47].

Imposible olvidar cómo al verme en México, donde tuvo lugar el siguiente Capítulo General, saliste corriendo a mi encuentro y exclamaste emocionado: *"¡Ya puedo hablar español! ¡Te podré decir algo más que 'Oh, Manuel!'"*.

---

[47] DUKA, D., *Reflexión sobre la vida religiosa en Europa Central*, en: *Revista Vida Religiosa*, n° 2, Madrid enero 2012.

Y allí, fuiste elegido Maestro General de la Orden. Me parece escuchar las palabras de Damián Byrne al darnos la noticia y despedirnos, con buen humor, aquella noche: *"Ustedes no pueden imaginarse lo que significa para un irlandés darle el poder a un inglés"*.

En los sucesivos Capítulos Generales de Bolonia, Providence y Roma nos reencontramos.

Era evidente tu prestigio, y yo que valoro lo bueno, hice lo posible para que fueras a Cuba. Celebrábamos uno de los aniversarios de la fundación de la Universidad de La Habana, establecida por los dominicos en el año 1728. Compartiste tu conferencia a un público que no podía ser más heterogéneo y representativo de la sociedad cubana. Allí se encontraban miembros del gobierno, de la Iglesia, estudiantes e incluso el embajador británico.

Cautivaste con la claridad de tus palabras y esa capacidad tuya de saber escuchar. Como bien has dicho: *"Escuchar, no para responder sino para aprender..."*

Disfrutaste tanto tu estancia, que le propusiste a tu sobrina Emma fuera un tiempo a compartir nuestra misión en el centro Fr. Bartolomé de las Casas. Y ahí estuvo durante seis meses. También se lo sugeriste a los hijos de otros amigos tuyos, como Charles Serttington.

Ha sido una dicha conocerte, los dos estamos comprometidos con integrar las diferencias. Pudimos tender puentes y unir mundos, sin querer imponer nuestras creencias o modos de pensar.

Un día, le hablé de ti a mi sobrino Rafael. Entonces se encontraba estudiando en Bristol. No recuerdo qué le diría pero, mis palabras lo entusiasmaron y decidió ir a conocerte. Se encontraron, le diste un escrito tuyo y al regresar me comentó: *"Tío Manolo, me he dado cuenta de una cosa, el Padre Timothy y tú, sois más comprensivos que yo"*.

Ahora estamos en otro momento. Para ir a verte habrá que cruzar el Tíber. Para verme, necesitarás acercarte a la Virgen del Camino.

Dentro de unas semanas cambiarás de traje. Estoy seguro que el rojo cardenalicio hará buen contraste con tu figura desenfadada, con tu buen humor inglés y con tu gran corazón. Por favor, cuando dejes Santa Sabina continúa siendo hermano, que es tu vocación, nuestra vocación más íntima. Hermano creyente y creíble, profeta apasionado por Cristo y por la humanidad.

21. MONS. JAIME ORTEGA ALAMINO

"Los hombres de acción, sobre todo aquellos cuyas acciones son guiadas por el amor, viven para siempre".

Uno de estos hombres, ha sido el Cardenal Jaime Lucas Ortega Alamino, a quien conocí con ocasión de mi primer viaje a Cuba, en el año 1986. Busqué tiempo y me acerqué a saludarlo; iba como Provincial para visitar a mis hermanos dominicos de La Habana y Trinidad.

Años más tarde, en el mes de agosto de 1993, encontrándome en casa de mis padres, me sorprendió la visita de Fr. Jesús Duque, Prior del Convento de Santo Tomás de Sevilla. Había llegado una carta a mi nombre, de parte del Nuncio Apostólico, Monseñor Beniamino Stella.

Era la respuesta a la petición que yo le había presentado al Dr. José Felipe Carneado en el mes de febrero, donde le expresaba el deseo de ir a Cuba, una vez finalizado mi servicio como Provincial. El Señor Nuncio me decía: *"Padre Manuel, no tengo el gusto de conocerle, pero deseo darle una buena noticia. Usted, sin pedirlo nosotros, ha sido admitido para venir a Cuba". "Véngase cuanto antes"*, era su frase conclusiva.

Y con presteza, el 15 de octubre, viajé a La Habana. Durante el vuelo aproveché para leer la Carta Pastoral de la Conferencia Episcopal Cubana, *"El Amor todo lo espera"*, publicada el día de Nuestra Señora de la Caridad.

Luego, tuve la oportunidad de acompañar al clero durante tres tandas de Ejercicios Espirituales, dos en La Habana y otra en Santiago.

Durante estas jornadas me di cuenta de la cercanía entre Pastores y sacerdotes, siendo evidente la calidad humana y espiritual que cultivaban.

Era presidente de la Conferencia de Obispos Católicos de Cuba (COCC) Monseñor Jaime, quien desempeñó este servicio durante varios períodos, de 1988 a 1998, y de 2001 a 2004.

Destacaba por su carácter conciliador, siendo un hombre abierto al diálogo, amante de su misión al servicio del pueblo de Dios. Mucho se preocupó por la formación de los seminaristas y de los jóvenes. Los valores que la Acción Católica infundió en su corazón adolescente no se borraron con el paso del tiempo. **Continuó siendo fiel a aquella Palabra** que, como él mismo escribiera, **le habló sin palabras y le dejó sin palabras para comunicarlo a otros.**

Desde ese encuentro en su vida todo comenzó a ser gracia tras gracia, incluso en medio de las inevitables contrariedades y sufrimientos.

Su buena preparación y su conversación amena, lo convertían en un excelente anfitrión cuando se le visitaba.

Le guardo una profunda gratitud por la confianza que me demostró, al compartir conmigo sus vivencias durante catorce años.

Cuando cumplió setenta y cinco años de edad, presentó al Santo Padre su renuncia como arzobispo de La Habana, siendo aceptada cuatro años más tarde. Liberado ya de sus obligaciones se retiró unos días, en el Convento de San Juan de la Cruz, en Segovia. Como si volviera de retorno a sus raíces creyentes, al amparo de la Virgen del Carmen.

Aquí, de su puño y letra escribió su testamento espiritual. Conmueve la **transparencia y humildad con las que narra cómo Dios, la fe y la religión, entraron en el horizonte de su vida y la cambiaron para siempre.**

Cito sus palabras: *"El Carmelo Teresiano ha sido mi lazarillo. Y ahora lo seguirá siendo, porque es de noche y debo prepararme para abrir los ojos a la luz eterna*"[48]. Continúa, mencionando una carta que, siendo joven arzobispo le envió a la Superiora de unas religiosas, un señor mayor, refiriéndose a él. Entre otras cosas, decía: *"Es un hombre que tendría que sentirse feliz, pero no lo es, cuando bendice al salir de la misa, tiene siempre una sonrisa triste que me indica que no es plenamente feliz".*

Concluye constatando cómo la fe le ayudó a superar sus sufrimientos interiores y le pide a San Juan de la Cruz que su "sonrisa triste" llegue a ser radiante en la contemplación eterna del Esposo.

En pocas palabras, podemos afirmar que Monseñor Jaime fue un **testigo creyente, que aprendió a ver la mano de Dios en cada acontecimiento de su vida**.

Sus muchas ocupaciones al frente de la diócesis, no obstaculizaron su reflexión para escribir "Te Basta Mi Gracia" y "Encuentro, Diálogo y Acuerdo. El Papa Francisco, Cuba y Estados Unidos".

Este último libro relata la delicada misión que le encomendó el Papa Francisco, de viajar a Estados Unidos y sostener una entrevista, previamente concertada, con el Presidente Barack Obama. La esperanza de propiciar mejores relaciones entre ambos países, fue su leitmotiv.

Me siento afortunado por haber estado cerca en aquellos momentos. Monseñor Jaime fue un ejemplo de prudencia y discreción, al igual que sus silenciosos colaboradores. **Paso a paso, respetando el propio paso, se implicó en la tarea de abrir caminos y tender puentes.**

Tuvo la dicha de preparar y recibir la visita de tres Pontífices: Juan Pablo II, en 1998; Benedicto XVI, en 2012 y Francisco en 2015 y 2016, cuando La Habana sirvió de escenario para el encuentro histórico entre el Papa y Kirill, Patriarca de Moscú y

---

[48] ORTEGA, J., *Testamento espiritual*, en: *Palabra Nueva*, revista de la Arquidiócesis de La Habana, enero 2020.

de toda Rusia; un contacto público que acontecía por primera vez tras mil años de separación.

Solo los hombres que llegan a desarmarse de sí mismos, pueden integrar las diferencias y construir la paz.

De este modo, Monseñor Jaime fue acercándose al ocaso de su existencia. Durante su enfermedad lo visité con frecuencia, incluso en Madrid, cuando iba a reponerse acompañado por su médico de cabecera, el Dr. Zamora.

El 26 de julio del 2019 vivió su pascua. Su recuerdo continúa vivo en nuestra Iglesia, en las personas a quienes regaló tiempo, esfuerzos y desvelo pastoral. Ocupó la **"Cátedra del amor y la misericordia"**, según él mismo afirmara el día de su toma de posesión como Obispo de Pinar del Río, y lo hizo con fidelidad.

El mejor compendio de su persona lo tenemos en la imagen que eligió para su escudo cardenalicio: **El pelícano que devora sus entrañas para dar de comer a sus pichones, sobre un lecho de llamas ardientes.** Y así, sin más añadidos que el amor, se habrá presentado ante Aquél que una y otra vez le repetía en la soledad: ***"Te basta mi gracia"***.

22. QUINTO CENTENARIO DE LA ESCUELA DE SALAMANCA

Estimado y admirado Dr. Torres Cuevas:

Me siento muy honrado de tener la oportunidad de enviarle un saludo, respondiendo a su invitación de escribir unas letras para este día. Mucho agradezco su confianza.

Prepararnos para celebrar el Quinto Centenario de la Escuela de Salamanca, y hacerlo en esa casa, es un motivo de ilusión compartida. Pocas universidades del mundo tienen la historia de Salamanca y pocas han impulsado tantos movimientos culturales, sociales y científicos.

Recordar este acontecimiento actualiza las palabras de San Agustín, cuando nos decía que en realidad los tiempos son tres: presente del pasado, presente del presente y presente del futuro[49].

Sin embargo, cuando se desea vivir el presente a plenitud, éste no se convierte tan pronto ni en pasado ni en futuro.

Es por esta razón que me permito hablarles del gran regalo que supusieron para mí los veintinueve años vividos en Cuba, en nuestra Habana, en el convento de San Juan de Letrán.

Aquí germinó una pequeña semilla y se creó un microclima.

El milagro de Letrán fue posible porque cada semana los frailes reservábamos un día para la comunidad. En estos espacios reflexionábamos sobre la realidad que vivía el pueblo y nos preguntábamos:

– ¿Qué podemos hacer para vivir con fidelidad el carisma de nuestra Orden, aquí en Cuba y en esta hora?

---

[49] Cf. DE HIPONA, A., *Confesiones*, Biblioteca de Autores Cristianos, Madrid 1996.

– ¿Qué necesita el pueblo cubano?

Después de discernir en conjunto, afloró la respuesta: "Lo que necesita nuestro pueblo es recuperar valores".

Muy viva teníamos dentro la historia de los primeros dominicos que arribaron a la isla. Llegaron y con ellos trajeron sus libros; necesitaban abrir aulas, además de fundar conventos.

Ellos, misioneros evangélicos, optaron por el hombre de esta tierra al que conocen y reconocen su "hombría"; es decir, que eran hombres. Por ellos optan, con ellos se comprometen y a ellos sirven. Entendieron a aquellos hombres y por ellos se hicieron entender, anunciando el Evangelio desde la compasión, aceptando de antemano los riesgos de la vanguardia, así como los peligros de lo desconocido.

Respiraban y transpiraban vida, y su servicio no era el de los intelectuales fríos que se relacionan desde la ideología, sino desde el contacto personal, voceando y clamando la nacionalidad y la dignidad humana.

Bien lo manifestó en la Española, Fr. Antonio de Montesinos con su impresionante grito: *"¿Es que estos no son hombres?"*[50] Su voz era la voz de la comunidad que proclamaba y denunciaba.

Y en una villa, como la de Sancti-Spiritus, cuyo nombre es calor y vida, apertura y transformación interior, aliento y alma, el sacerdote Bartolomé de las Casas, en 1514, anunciaba de manera pública y solemne que renunciaba a la encomienda y decidía hacerse fraile predicador, asumiendo el compromiso de denunciar el despotismo, las injusticias y crueldades sobre el indio.

Las Casas, se ha dicho, no era voz para estar callada, ni luz para estar escondida. Se sumaba a una Orden, con vocación

---

[50] LAS CASAS, B., *Historia de las Indias*, Alianza Editorial, Madrid 1984.

de vanguardia, que defendía los derechos del hombre, de todo hombre.

Aunque la tradición académica no ha señalado a Bartolomé de Las Casas entre los miembros de la Escuela de Salamanca, sin duda, es uno de los máximos exponentes de la cultura jurídica que brotó del compromiso intelectual y práctico del ámbito académico salmantino.

Uno de los frutos más preciados de aquel foro fue la crítica y defensa de los justos títulos para la conquista del Nuevo Mundo.

Un día mis hermanos dominicos de San Juan de Letrán, en La Habana, quisieron que el nombre de Fr. Bartolomé de las Casas se perpetuara en una de las aulas del convento.

Como lo hizo también aquella generación de dominicos del siglo XVIII, al fundar la Real y Pontificia Universidad de San Gerónimo de La Habana. Primer centro universitario establecido en Cuba y el tercero en el área del Caribe.

Con inmensa satisfacción, me uno a este ciclo de conferencias que conmemoran los quinientos años de la fundación de la Escuela de Salamanca, Alma Mater de las Universidades hispanoamericanas.

Permítanme despedirme con las palabras del Ilustre Lope de Vega:

> *«Pero, ¿por qué me detengo*
> *ínclita ciudad famosa*
> *favorecida del cielo*
> *Real Universidad*
> *madre de tantos ingenios*
> *que has dado tantos Catones*
> *a los Reales consejos*
> *del soberano Filipo,*
> *y a tantas grandezas dueños?*
> *¡Famosa Universidad,*

Salve, luz del Evangelio,
celebrada en todo el mundo con razón!»[51].

---

[51] VEGA, L., *Obras poéticas*, t. IV, Sucesores de Rivadeneyra / Real Academia Española, Madrid 1890.

23. SESENTA Y CINCO ANIVERSARIO DE ORDENACIÓN SACERDOTAL

"¿Qué daré al Señor por todo lo que he recibido de él?"[52] Éstas fueron las palabras que pronuncié el día de mi primera misa, el año 1959; las repetí el día de las bodas de Plata y de Oro. Hoy, al celebrar los sesenta y cinco años de mi Ordenación Sacerdotal, las pronuncio con un sentido nuevo. También por estas fechas conmemoro el primer año de mi estancia en la Residencia Enfermería de la Virgen del Camino, León.

Dichas efemérides me ayudan a tomar conciencia de lo bueno que Dios ha sido y es conmigo, cómo me ha cuidado a lo largo de mi vida y de mi ministerio sacerdotal. Para ser ordenado hubo que pedir un permiso especial porque no tenía aún los veinticuatro años de edad, y hoy con ochenta y ocho años, agradezco conservar la lucidez para vivir esta nueva etapa, donde sin ocupaciones ni preocupaciones, puedo recordar lo vivido, sin añorar o vivir de recuerdos.

Hacer memoria me rejuvenece y me ayuda a vivir con optimismo y esperanza. Recuerdo las palabras de un viejo maestro de la medicina: *"Podemos vivir un mes sin comida, tres días sin beber agua, siete minutos sin aire, pero solo unos segundos sin esperanza".*

La esperanza despierta en mí la confianza. La esperanza activa se estimula con las experiencias pasadas y alimenta los sentimientos de confianza de que conseguiré lo que deseo en un momento dado. Lo recuerda muy bien el Doctor sevillano Luis Rojas Marcos: *"La memoria guarda nuestras interpretaciones de los hechos y de los sentimientos que nos acompañaron en su momento"*[53].

Varias experiencias han marcado mi vida. La primera que deseo compartirles fue alrededor del año 1979. Alguien me

---

[52] Cf. Salmo 116.
[53] ROJAS, L., *La fuerza del optimismo,* Ed. Espasa, Barcelona 2004.

aconsejó asistiese a las sesiones de "Personalidad y Relaciones Humanas". Allí nos hablaron de un mundo desconocido y de cómo caminar hacia él. Ese mundo estaba en mi interior; fue un camino nuevo para mí, pude entrar y poco a poco, paso a paso, fui conociéndome cómo soy.

En aquellas semanas tuve la suerte de encontrarme con una persona que supo mirarme, verme, escucharme, reconocerme y confiar en mí.

Culminé las sesiones feliz y feliz regresé a las Islas Canarias, desde donde había ido a los Molinos, cerca de Madrid. Llevaba la llave para entrar en mi casa, disfrutar conmigo y en mí, desprendido de la imagen, de la cual estaba viviendo.

Más tarde, me confiaron la misión de que yo acompañase a otras personas, para encontrarse consigo mismas. Pude animar la sesión "Quién soy yo" y acompañar sin dejar de acompañarme.

La segunda experiencia que deseo recordar fue en el año 2001. Era el mes de agosto, finalizábamos el Capítulo General en Providence, Estados Unidos, y el Provincial, Fr. Thomas Ertle nos invitó a los dominicos españoles a visitar la emblemática parroquia San Vicente Ferrer y el convento, enclavados en la gran manzana de Nueva York. Con gusto accedimos a su invitación y durante tres días nos fue posible pasear por Manhattan, ver de cerca la estatua de la Libertad y el World Trade Center. De las Torres Gemelas llevé conmigo una foto ampliada, que conservo en la casa del pueblo.

Regresé profundamente agradecido a España y al mes justo, el 11 de septiembre, encontrándome en mi habitación en Sevilla, escucho al Padre Carmelo Preciado que llama con urgencia a la puerta, diciéndome: *Manuel, ven de prisa, un avión se ha estrellado en las torres gemelas y están envueltas en llamas".

Salí enseguida y en la sala de comunidad, con él, con Fr. Miguel de Burgos y con Fr. Francisco Palomares, contemplamos en el televisor un espectáculo dantesco. Parecía un sueño, pero era una realidad tremenda. Quién iba a imaginar un acontecimiento así, unas semanas antes.

El otro suceso que me marcó fue la pandemia del Covid, durante los años 2020 y 2021. Empapados de incertidumbre y tocando muy de cerca la vulnerabilidad humana, comenzamos a vivir en un mundo diferente. La "nueva normalidad" nos impuso guardar las distancias que jamás hubiéramos imaginado. Parecía que cualquier persona que se cruzaba en nuestro camino era un "enemigo potencial". Cada día soportábamos una tormenta de conmovedoras noticias sobre víctimas o muertes. Y en no pocas ocasiones, los protagonistas de esas noticias eran nuestros conocidos, familiares o amigos.

Durante estos meses interminables de pandemia me encontraba en el convento de San Juan de Letrán, en La Habana. Los ochenta y cinco años de edad, que tenía en aquel entonces, me sugirieron que debía guardar con cautela el confinamiento. Y aquel tiempo, sin aparente fruto, fue la ocasión propicia que me ayudó a hacer memoria y escribir. Casi sin pensarlo salió a la luz el libro: "Vivir a corazón abierto. Memorias de un sembrador". Y sí, el corazón abre sus puertas de par en par, en medio de estas experiencias únicas, donde se toca de cerca el dolor y al mismo tiempo, la Providencia de Dios.

En estos días he podido rememorar y agradecer, siguiendo el hilo de un libro que la semana pasada me regaló uno de los frailes amigos de la Residencia. Se trata de: "Estar bien, aquí y ahora", del Dr. Luis Rojas Marcos.

Sus páginas nos muestran la importancia de adoptar un estilo optimista, donde la gratitud y la solidaridad son claves para lograr una existencia más sana y feliz. Puedo decir que ésta es mi experiencia.

Siento la necesidad de descomponer el título:

1. Estar bien

2. Aquí

3. Y ahora

Me haría dos preguntas: ¿Por qué no estamos bien? ¿Qué podemos hacer para estar bien?

En esta hora, para mí "estar bien" es acoger lo nuevo que Dios me regala, a mis casi ochenta y nueve años de edad. Nuevo es el lugar donde me encuentro hace un año, no buscado, y nuevos los sentimientos que han brotado en mí, me siento hijo que responde: *"Padre, hágase en mí"*. Estas palabras María las pronunció cuando no se podía explicar cómo iba a suceder lo que el Ángel le anunciaba. Su respuesta no pudo ser mejor*: "Hágase en mí"*[54] y le dejó hacer a Dios en ella.

"Padre, aquí estoy para hacer tu voluntad"[55]. Estoy donde estoy, estoy como estoy, me siento feliz de vivir esta etapa pudiendo compartir, escuchar, acompañar y haciéndome acompañar, para hablar de mis preocupaciones y de mis sueños. Poderme comunicar con otros ha sido y es otro gran regalo en esta nueva etapa de mi vida.

Por todo y por tanto, me vuelvo al Padre para decirle: *"Qué detalle, Señor, has tenido conmigo, cuando me llamaste, cuando me elegiste... Han pasado los años y aunque pesa el cansancio, paso a paso te sigo sin mirar hacia atrás"*.

_____

[54] Lc 1,38.
[55] Heb 10,7.

24. REFLEXIÓN DE CUARESMA

Gracias, Señor, por el tiempo, por este tiempo, por estar a tiempo. Siento que éste es mi tiempo. Un tiempo de gracia. Mi vida ha sido gracia tras gracia. **También, este momento, para mí es gracia.**

Escucho en el silencio de los días y las noches, tu voz que me susurra: *"Manuel, ¿cómo estás donde estás?"* Recuerdo que fue la pregunta que le hiciste a Adán, después de haberle regalado todo: *"¿Dónde estás? ¿Te sientes feliz con lo que te he dado?"*[56] Aquella fue una llamada con excusas y sin respuesta.

Hoy acojo esta pregunta en mi corazón, sintiéndome hijo que responde. Me encuentro en la Residencia de la Virgen del Camino, que es para mí un lugar privilegiado. Mis hermanos han pensado en los que han entregado su vida al servicio de la misión y nos han proporcionado lo necesario para envejecer con dignidad. Junto a la Virgen he encontrado un nuevo cenáculo para orar, para compartir y para esperar.

Puedo decir que desde la habitación lo que veo es un Edén, hay cedros, abetos, sauces, todo bellamente cuidado. Cada día disfruto el espectáculo de la salida del sol, y el no menos cálido servicio de quienes nos ayudan. Vivo en un lugar con alma donde María, la Virgen del Camino, preside todo.

La Cuaresma es tiempo de gracia, donde el desierto vuelve a ser el lugar del primer amor[57].

Y a mí, desde hace unos días, me han cambiado de sitio. Sin esperarlo, he sido llevado a un "desierto" peculiar, el del hospital "Monte San Isidro", en León, donde me encuentro internado por más de una semana.

---

[56] Cf. Gn 3,9.
[57] Cf. Os 2, 16-17.

A unos pocos pasos de distancia distingo a mis vecinos de habitación, ancianos y frágiles como yo. Los veo, los escucho y de ellos aprendo qué es en definitiva la humanidad.

Deseo hacer míos los sentimientos de Jesús, el Hijo, quien sin hacer alarde de su condición divina, se despojó de su rango y tomó la condición de esclavo, haciéndose como uno de tantos[58].

Aquí se me identifica con un número, con unos síntomas, con un caso clínico. Y en parte, tiene que ser así. El desafío reside en la manera de uno ubicarse, allí donde se encuentre. Son circunstancias que me ayudan a tomar el pulso a mi corazón.

No puedo silenciar el gesto de los hijos del enfermo de la cama vecina. Al irse de alta me obsequiaron un libro titulado: "Biografía del silencio", de Pablo d'Ors. En su primera página en blanco escribieron: *"Por tu paciencia y comprensión, ¡que Dios te bendiga!"* Cuánta sensibilidad tienen las personas. Todo ser humano es por naturaleza, bueno.

"A Dios se le conoce con los ojos del corazón, y éste tiene razones que la razón no comprende. Con corazón limpio, sereno y honesto, se entienden mejor las cosas; también las de Dios y la verdad del Padre"[59], decía Blaise Pascal en sus pensamientos.

Pido una mirada nueva ante esta realidad, que no repetimos cada año, sino que estrenamos cada año. El binomio Cuaresma-Hospital me habla de realidades muy semejantes. Por la cruz, identificado con el dolor, como el Siervo Sufriente, camino con la esperanza de la Pascua.

Alguien nos ha dicho que, caminando, se tarda más que corriendo, pero se llega más lejos. Deseo que paso a paso, respetando el propio paso, pueda llegar a la Luz que alienta mi presente y el mañana.

---

[58] Cf. Flp 2, 3-8.
[59] PASCAL, B., *Pensamientos,* Editorial Gredos, Madrid 1999.

25. FIESTA DE SAN FROILÁN

Es el primer año que celebro en la Virgen del Camino la fiesta de San Froilán, a quien solo conocía de oídas. Ayer y esta mañana he tenido el gusto de asomarme y ver el número de personas que se acercaban a la Basílica.

He dedicado parte de mi tiempo a leer un resumen de su biografía, donde se nos dice que San Froilán fue un hombre de oración, penitencia y predicación. Buscó a Dios en la soledad de la naturaleza, viviendo en cuevas y construyendo ermitas. Predicaba en pueblos y aldeas de todo el reino de León y Asturias. Su predicación no fue solo con su palabra, sino sobre todo, con el ejemplo de su vida, lo cual provocó la admiración y el seguimiento de su persona.

Su fiesta se celebra hoy, 5 de octubre, y sus preferencias fueron: la reforma del clero, de los monjes y de los seglares. Hoy, por San Froilán, miles de personas y cientos de pueblos se encuentran con sus pendones aquí en la Virgen del Camino, y la Virgen del Camino, hace que se encuentren con Dios.

En la primera lectura que hemos escuchado, el profeta Ezequiel **denuncia a los pastores** que han abandonado el rebaño, que no se han ocupado de cuidar a las ovejas que se les han confiado, ni de buscarlas y fortalecerlas.

Ante esta dolorosa realidad el Señor mismo toma la palabra y clama: "**Aquí estoy yo, yo mismo en persona las buscaré. Seguiré** su rastro y las **libraré**, las **sacaré**, las **congregaré**, las **traeré** y las **apacentaré** en buenos pastos. **Vendaré** a las heridas y **curaré** a las enfermas como es debido…"[60]

En el evangelio, San Mateo nos relata cómo Jesús resucitado vuelve y sale al encuentro de sus discípulos, se acerca a

---

[60] Ez 34, 11-16.

ellos y les dice: "**No tengáis miedo.** Se me ha dado pleno poder en el cielo y en la tierra. **Salgan, vayan** y **hagan** discípulos de todos los pueblos, **enséñenles** a guardar todo lo que os he dicho y **yo estoy con vosotros, todos los días hasta el fin del mundo**"[61].

No puede terminar mejor el evangelio de San Mateo. Jesús Resucitado a las personas que encontraba les decía: "*Vayan a Galilea, vayan a la Galilea de los gentiles. Vayan, allí me verán*"[62].

El encuentro con Jesús Resucitado es transformador, no puede quedar encerrado. Sería como quitarle el oxígeno a una llama que arde. La fe es una llama que se hace más viva cuanto más se comparte, se transmite, para que todos conozcan, amen y se enamoren de Jesucristo, que es el Señor de la vida y de la historia[63].

Reconozcamos a Jesús como vida que dinamiza la nuestra, y nos hace felices de poder ser un regalo para las personas que encontramos en nuestro camino.

Invocamos la intercesión de San Froilán y nos volvemos a la Virgen, Santa María del Camino, a Ella que es vida, dulzura y esperanza nuestra y nos dice: "Hijos míos, haced lo que Jesús os diga"[64].

---

[61] Mt 28,18-20.
[62] Cf. Mt 28,7.
[63] Cf. Rm 10,9.
[64] Cf. Jn 2,5.

26. SETENTA ANIVERSARIO DE PROFESIÓN RELIGIOSA

En el evangelio que se ha proclamado hoy, Juan, en primera persona, nos comparte cómo fue su encuentro con Jesús y la pregunta con la que se dirigió a ellos, en aquella hora inolvidable (las cuatro de la tarde): *"¿Qué buscáis?"* *"Maestro, ¿dónde vives?"*[65] Le respondió con otra pregunta.

Luego, le avisan a Pedro. Él aguantó la mirada de Jesús y escuchó cómo le dijo: "Sígueme". Y un poco más adelante se encuentran con Felipe, que rebosando alegría lo comparte con Natanael: *"Hemos encontrado a Aquél de quien escribió Moisés en la ley y los profetas, Jesús de Nazaret"*[66].

Jesús observa y ve cómo se acercaba Natanael, comienza a hablar de él: *"Ahí tenéis a un israelita de verdad, en quien no hay engaño. Natanael, no te sorprendas si te digo que verás cosas mayores"*[67].

Pues, sí, hermanos, Jesús antes de llamar, mira y ve. Os comparto que en mí fijó su mirada hace setenta y seis años, y hoy cumplo los setenta de mi Profesión Religiosa.

Cuando me llamó yo era un niño de doce años, profesé con diociocho años y aquí, el día 10 de junio, con vosotros, cumplí los ochenta y ocho. Interiorizo todo esto y os comparto: Ochenta y ocho años son muchos años y escucho el eco de lo que dijo Jesús de Natanael: *"Ahí tenéis un israelita de verdad en quien no hay engaño"*.

Me siento llamado a ser dominico de verdad, ser verdad, vivir de la verdad y ser servidor de la verdad con bondad. Afloran en mí las palabras de Pablo a Timoteo: *"Te recomiendo que avives el carisma de Dios que está en ti, por la imposición de mis*

---

[65] Jn 1,38.
[66] Cf. Jn 1,43-45.
[67] Jn 1,47.

manos"[68]. *"Manténte firme, fuerte, con la gracia de Dios. Proclama la Palabra"*[69]. *"Pórtate con toda prudencia y desempeña con fidelidad tu ministerio"*[70].

Me vuelvo al Señor para darle gracias, le pido que siga siendo predicador de la gracia, que sepa hacerlo con gracia, en este tiempo de gracia. Todo es gracia tras gracia.

---

[68] II Tim 1,6.
[69] II Tim 4,2.
[70] II Tim 4,5.

27. SER BUENO COMO EL PAN

"Esta persona es más buena que el pan", me lo dijeron ayer cuando salí a dar el paseo de la tarde. Seguí rumiando las palabras y al entrar en casa, tomé la decisión de escribir que existe un pan bueno, excelente, que nutre y alimenta, gracias a tres elementos: harina de trigo, agua de manantial y brasas de leña de encina, que caldean el horno. Digo esto porque era así como se elaboraba en nuestra casa y lo vimos, cuando éramos pequeños.

¡Pan!, *"qué fácil y qué profundo eres... Naciste para ser compartido, para ser entregado, para ser multiplicado..."*[71]. Pero todo comienza siete u ocho meses atrás, el día que fue sembrado. Tomo nota recordando y enumerando los pasos de este largo y laborioso proceso: Sementera, recolección, selección y molienda, preparación de la masa, cocimiento y extracción del horno.

Panes redondos, hogazas les llamábamos nosotros, hechos para los labradores y jornaleros del campo. Panes de siete, ocho o nueve libras.

Mucho disfrutaba con mis nueve o diez años, el día que mi buen padre, y excelente labrador, consentía que yo, bien abrigadito le acompañara a alguna finca cerca del pueblo. Al llegar me sentaba en la piedra, que ellos llamaban "medianera", y yo, con los ojos bien abiertos como una liebre, observaba con qué habilidad se colocaba el fardel, bien terciado, sobre su hombro izquierdo en el que depositaba los granos de trigo seleccionados con anterioridad.

Pasados unos minutos, esperaba el momento, que con destreza y soltura comenzara a arrojar los granos "a voleo" sobre la tierra parda, arada y laborada con anterioridad. Y allí, en sus entrañas dormía durante meses, para en el silencio del

---

[71] NERUDA, P., *Odas elementales,* "Oda al pan", Editorial Nascimento, Santiago de Chile 1954.

invierno reventar, con la llegada del mes de abril comenzar a romper la tierra y regalarnos el primer verdor del tallo, y de la espiga más tarde.

Con la llegada de la primavera, sin prisa, tenía lugar el crecimiento de la espiga, que pondría espesor al sumar granos de trigo, acompañada por las rojas amapolas y la gratificante manzanilla, hasta que llegara el tiempo de la siega.

Duro oficio el de los segadores trabajando, no de sol a sol y sí, de luna a luna, atentos y observando la estrella que les indicaba la hora de tomar la hoz para salir, aprovechando el rocío de la noche, para hacerse mejor con los tallos en su mano izquierda, y saber meter la hoz con la derecha.

Mi padre también muy joven tuvo que aprender el oficio, y estaba orgulloso de ver cómo mi hermana, tan buena hija, también en esta profesión era única. Con orgullo me decía cómo le seguía, lo bien que lo hacía y cómo dejaba armoniosamente colocadas las hileras de gavillas que formarían los manojos, para recogerlos y trillarlos más tarde en la era. De allí se llevaban al molino, donde desaparecería el grano que regresaba a la casa del dueño convertido en harina.

Imposible olvidar lo que mi abuela Pilar y mi madre Manuela, hacían durante toda la madrugada, colocando la levadura en la masa e introduciéndola en el horno bien caldeado.

Noche de vigilia y trabajo intenso hasta extraer el pan del horno. Pan bueno, aquél, pan de harina de trigo. ¡Pan con sabor a pan!

Este es el camino recorrido para lograr el pan bueno de nuestra tierra. Camino laborioso y lento donde nada se podía improvisar. Un proceso de total generosidad. Primero, la muerte del grano de trigo convertido en espiga, después la riqueza de la espiga regalando granos, que también desaparecerán cuando son llevados al molino, de donde regresarán a casa convertidos en harina.

Y es así como debe ser en nuestra vida: ser capaces de morir para vivir, consintiendo ser comidos. Todo un arte de paciencia. Es muy bonito decir que hay que ser buenos como el pan, pero lo difícil es hacerse pan. Porque ya no puedes vivir para ti, el pan se deja amasar, cocer y partir.

Y nos enseña a ser humildes: En los restaurantes, el pan no suele figurar en la lista de los platos exquisitos, siempre está de acompañante... Al pan no se le pone precio.

Nos enseña a cultivar la ternura y la bondad, el pan es tierno y bueno... Nos enseña a vivir en el amor más grande, que nos haga capaces de morir para dar la vida. *"Y entonces también la vida tendrá forma de pan, será simple y profunda, innumerable y pura"*, ¡como el Pan!

28. UN DOLOR DE AMOR

Los dos meses que llevo en España me han facilitado tener más tiempo para leer y reflexionar, acogiendo el regalo de lo nuevo que ha florecido en mí, porque también ahora que soy un anciano, siento la urgencia de nacer de nuevo, para que todo sea renovado.

He tomado nota de lo que dejó dicho un pensador: *"Si me dan ocho horas para cortar un árbol, emplearía cuatro en afilar el hacha"*[72]; es decir, emplearía cuatro en hacer "nueva" el hacha.

Sobre mi mesa tengo un libro de Fernando Rielo, en el que nos comparte cómo resumía su propia vida*: "¡Un dolor de amor!"* y añadía: *"Me creaste con un beso y con ese mismo beso he de morir"*[73].

Al escribir esto, tomo conciencia de cómo mi vida está enmarcada entre dos besos, de amor y dolor. Mi infancia y la adolescencia, en la plenitud… y ahora que mi vida comienza a bajar por la curva descendente, ha ido aflorando una sensación de la amorosa ternura del Padre vuelto y volcado hacia mí, su hijo.

¡Un dolor de amor! Es lo que he experimentado en cada viaje del viejo al nuevo Continente. Cada vez que llega la hora de partir. De los primeros años, me parece sentir sobre mi mejilla el beso de mi padre anciano, lo hacía desde la ventana después de quitarse su sombrero. No se atrevía a bajar y salir a la puerta, ni tampoco yo me atrevía a mirarle de frente a los ojos.

Estos sentimientos, dormidos en el sitio más entrañable de mi corazón, despertaron ayer. Y perviven hoy, ahora que el anciano soy yo, cada vez que mi hermana comienza a prepararme la maleta para que todo vaya bien colocado y sobre todo,

---

[72] Frase atribuida a Abraham Lincoln.
[73] RIELO, F., *Dolor entre cristales*, Fundación Fernando Rielo, Madrid 1990.

cuando antes de bajar le doy un beso, besos de ternura, de amor "que duele".

Pero otro Amor, que ha sido el centro de toda mi existencia, me llama y me impulsa. El beso de cuando me creó y me recreó, me llamó y no ha dejado de llamarme. Y yo he escuchado su voz amorosa que me urge a seguir sembrando amor en otros mundos, dándolo gratis a personas no conocidas por mí.

El camino continúa, miro de frente a la Vida y agradezco el sentirme "profundamente humano"... a salvo en mi ser interior que me sustenta y rige.

29. PRIMER ANIVERSARIO EN LA VIRGEN DEL CAMINO

"Todo tiene su tiempo y su momento bajo el cielo..."
(Ecl 3, 1)

- Lo que distingue a una persona sabia, es reconocer en qué momento se encuentra y saber situarse ante él -

El 25 de marzo del año pasado, estrené la primavera de un modo muy peculiar: acompañado por mi hermana y mis sobrinos Rosa y Manolo, viajé desde Madrid a León.

Comenzaba una etapa nueva, consciente de que *"nadie fue ayer, ni va hoy, ni irá mañana, por el mismo camino que voy yo; para cada uno guarda un camino virgen, Dios"*[74]. Así lo dejó dicho mi paisano, León Felipe.

Con frecuencia me escriben desde Cuba y me preguntan: "Padre Manuel, Vd. ahora, que no está en La Habana, que no le vemos pasear por las galerías del convento de San Juan de Letrán, díganos, ¿qué hace?" Mi respuesta ha sido ésta: "Ahora, he dejado de trabajar, para dejarme trabajar".

Insisten, con otra pregunta, un tanto capciosa: "¿Y aquí, en Cuba, pudo hacer todo lo que quiso?". "En ningún sitio es posible hacer todo lo que uno desea. Mi experiencia, durante los treinta años tan felices que con vosotros he vivido, es que pudimos hacer cuanto intentamos, confiando en la Providencia, con respeto, prudencia y paciencia".

En la puerta de mi oficina, quedó escrito: *"No hace bien el que señala el daño y arde en ansias generosas de ponerle remedio, sino el que enseña remedio blando al daño"*[75].

---

[74] FELIPE, L., *Nueva Antología rota,* Ed. Cátedra, Madrid 2008.
[75] MARTÍ, J., *Obras completas,* Editorial de Ciencias Sociales, La Habana 1975.

Celebro este primer aniversario de mi estancia en la Residencia-Enfermería, junto a la Virgen del Camino. La gratitud, que hace tantos años brotó en mí, es la 'rosa blanca' que siento nace y renace en mi ser. También en esta hora.

Desde hace algunos años, bien sabéis que me hago acompañar por el bastón. En estas últimas semanas me acompañan, además, tres libros, de los que deseo destacar algunas ideas que aportan luz.

El primer libro se titula: "El hombre en busca de sentido", de Viktor Frankl. En uno de sus capítulos nos dice: *"No hay nada en el mundo que sea tan capaz de consolar a una persona de las fatigas internas o las dificultades externas, como tener conocimiento de un deber específico, de un sentido concreto, en el aquí y el ahora de su existencia"*[76].

En este hoy de mi vida se me invita a "bajar a la casa del Alfarero"[77], siendo pasivo en medio de un mundo enfermo de activismo, para dejarme moldear y trabajar por Él.

De un libro a otro libro. Es un regalo de mi vecino de habitación, Fr. Luis Pérez Arruga, lleva por título: "Estar bien, aquí y ahora" y su autor es un sevillano universal, el Dr. Luis Rojas Marcos.

Sus páginas me han ayudado a escucharme cómo me siento en mi nuevo destino, hoy, aquí y ahora, los tres momentos. Y me pregunto: ¿Qué hace que me sienta bien?

Estoy sereno de ánimo, en armonía, con una dosis generosa de confianza y seguridad. Hoy se diría que me es posible tener 'Flow', una palabra moderna con la que a mis años me voy familiarizando. Procuro escuchar más que hablar, sin caer en la curiosidad. Percibo lo que sucede, pero no me complico con lo que sucede. Siento bueno ser receptivo, dejo hablar a las

---

[76] FRANKL, V., *El hombre en busca de sentido*, Herder Editorial, Barcelona 2009.
[77] Cf. Jer 18,2.

personas y he ido aprendiendo a envejecer aceptando mi declive, mis molestias. Escuchándome y dejándome acompañar, he descubierto el tesoro que constituyen mis recuerdos.

Y por último, me iluminan las palabras de Ianire Angulo, ESSE, en su libro "Extraordinariamente normales", donde nos habla de la ancianidad como una hora vocacional.

Es cierto que los años no pasan en vano, y los límites nos condicionan. Sin embargo, tener una actitud positiva me ayuda a afinar las cuerdas del alma, para continuar escuchando la llamada del Señor, a ser fiel y feliz. Con mis sesenta y cinco años de Ordenación Sacerdotal, recién cumplidos el 15 de marzo, no olvido el consejo que me dio el Obispo al despedirse: "No seas ni 'mísero' ni 'misero'".

El libro del Eclesiastés, nos dice que hay un momento para cada cosa bajo el cielo[78]. La ancianidad, es el tiempo que me ha regalado más tiempo, para escucharme, para compartir sin prisas con las personas, para dar gratis lo que gratuitamente he recibido.

Con mi edad, aquí y ahora, deseo continuar sumando vida a los años, para que mi ciclo vital concluya, acompasado con el ritmo que marca el Señor.

Celebrar este primer aniversario en la Residencia Enfermería, es también un merecido reconocimiento a cuantos hacen posible que éste sea un lugar con alma, donde se cuida lo mejor de lo humano.

Vosotros sois mi mejor celebración. En vuestras manos me confío, hasta que Dios quiera, consciente de que *"todo concluye, pero nada perece"*[79]. Tampoco mi gratitud, que es eterna.

---

[78] Cf. Ecl 3,1-8.
[79] SÉNECA, L., *Obras completas*, Editorial Gredos, Madrid 1995.

30. MEMORIA Y AMISTAD EN EL LEGADO DEL DR. EDUARDO TORRES CUEVAS

Una fotografía que dejé en Cuba, sigue siendo sugerente. Enmarca un trozo de La Habana, la ciudad entrañable que ha sido mi casa durante casi treinta años, y la casa de muchos.

Lo que más llama la atención en ella es el contraste entre dos luces: una es la luz natural del sol del atardecer, y la otra es la luz encendida del Convento de San Juan de Letrán.

Dos luces distintas, pero que convergen entre sí; dos luces de una misma historia, de un mismo andar. Y lo que es más importante, dos luces que buscan iluminar.

No es lo mismo alumbrar que iluminar: el que alumbra busca brillar, el que ilumina desea guiar. De modo que alumbramos por nosotros, mientras iluminamos para los otros.

Esta realidad hace que aflore a mi memoria la expresión que me dijeron los jóvenes cuando llegué a Cuba, en el año 1993, al tiempo que me regalaban una linternita: «Padre Manuel, esta luz es para que Vd. pueda ver, porque estamos en apagón».

En varias ocasiones he afirmado que mi vida en Cuba se encontraba entre dos luces:

Una, la luz de la comunidad de Letrán donde vivía; y la otra, las personas con las que he coincidido a lo largo de mi camino existencial.

Y puesto que vivimos para encontrar y encontramos viviendo, vivir y encontrar se articulan en esta historia que me permitió conocer al Dr. Eduardo Torres Cuevas, q.e.p.d., a quien puedo definir como el «buen amigo» de los versos martianos:

Tiene el leopardo un abrigo
en su monte seco y pardo:

yo tengo más que el leopardo,
porque tengo un buen amigo…[80]

Imposible olvidar la primera vez que subí las escaleras en la Casa de Altos Estudios Don Fernando Ortiz. El Dr. Torres Cuevas se encontraba pronunciando unas conferencias en Francia, y cuando me preguntaron quién le buscaba, únicamente pude decir: «Soy sacerdote dominico, vivo en la calle 19, en el convento de San Juan de Letrán».

Cuando regresó del viaje, gentilmente me avisaron, y fui a su encuentro. El objetivo de mi visita era pedirle nos honrara con su presencia, como orador, en nuestra Aula Fr. Bartolomé de las Casas, recientemente inaugurada el año 1995.

Más tarde, le nombraron director de la Biblioteca Nacional y luego, director de la Oficina del Programa Martiano. Es evidente que los distintos servicios que ha prestado no menguaron su disponibilidad, por lo que en varias oportunidades me atreví a visitarlo y pedirle su colaboración. Incluso, tuvo la gentileza de acompañarme en la presentación del libro «Vivir a corazón abierto. Memorias de un sembrador», siendo autor del epílogo.

El pasado año 2024, al celebrarse los 500 años de la fundación de la Escuela de Salamanca, mis hermanos dominicos acudieron a él y no solo aceptó participar como ponente, sino que propuso que el ciclo de conferencias que estaban programando para conmemorar la efeméride, se efectuara en el anfiteatro del Centro de Convenciones de la Universidad de La Habana y se constituyera como un curso de postgrado.

---

[80] MARTÍ, J., *Versos sencillos,* Ed. M. Díaz y Compañía, Nueva York, 1891.

Así fue, y gracias a su mediación los Dominicos volvíamos a estar presentes en esa Alma Mater, fundada por la Orden en 1728.

Nuestra amistad, como la luz, superó distancias, manteniéndonos en comunicación hasta pocos días antes de su fallecimiento. La última llamada que hice a su esposa fue la tarde del día 30 de agosto, precisamente al comenzar el instante más álgido de su enfermedad, como si la intuición me hubiese avisado de la inminente despedida.

Hoy, muchos lamentan la partida del excelente académico, historiador y humanista. Es cierto, se nos fue uno de los intelectuales más brillantes, un pensador esencial en nuestra América. Pero, en estos momentos, quisiera destacar su calidad como ser humano, buscador del bien y de la verdad.

Él mismo, sin pretenderlo, hizo un compendio de su sentir al referirse al Aula Fr. Bartolomé de las Casas, como un espacio lleno de encanto, por reunir a personas de muy diversos criterios pero con un denominador común: el amor a Cuba, a los valores, al diálogo que supera las barreras y abre las puertas al futuro.

Estuvimos de acuerdo en una ética de mínimos, que nos permitió armonizar las diferencias y trabajar juntos, con el deseo de formar una sociedad «con todos y para el bien de todos»[81].

Gracias, querido Dr. Torres Cuevas. La luz de tu vida y de tu amistad permanecen para siempre. Dedicaste tu existencia no solo a interpretar la historia, sino a vivirla como servicio.

Tú mismo nos dijiste que «la historia no es un relato de fechas, sino la conciencia de lo que somos. Sin ella, el presente

---

[81] MARTÍ, J., *Discurso en el Liceo Cubano de Tampa*, En *Cuaderno Martiano III*, Editorial Pueblo y Educación, La Habana 1996.

se vuelve ciego y el futuro, imposible»[82]. Y también, en tu testamento nos dejaste la constancia de tu amor por Cuba, a quien entregaste lo mejor de tu corazón y de tu tiempo.

Descansa en paz, maestro de la memoria, que tu luz, desde lo Alto, siga iluminando los caminos de quienes aún vivimos con el anhelo de amar y servir.

---

[82] TORRES CUEVAS, E., *Libro de Memorias, I Congreso Internacional de Innovación y Sostenibilidad Digital*:
<https://doi.org/10.55813/EGAEA.L.124> [Consulta: 4 de septiembre de 2025].

Entrevistas

31. UNA VIDA ENTRE DOS LUCES

- 31 de mayo de 2018 -

1. Padre Manuel, usted ha acompañado al pueblo cubano en momentos muy significativos. Cuéntenos algo de esta experiencia como dominico en Cuba.

Vine a Cuba por primera vez en el año 1986, era provincial de los dominicos de la antigua provincia de Bética (Andalucía). Cada año, a lo largo de los dos provincialatos, visitaba la Isla para estar con los hermanos y colaborar en todo cuanto fuese posible.

Recuerdo que cuando vine la primera vez, Mons. Fernando Prego, obispo de Santa Clara, me habló de las correcciones que estaba haciendo al documento final del Encuentro Nacional Eclesial Cubano (ENEC).

En Sevilla, mucho me había hablado Mons. Carlos Amigo de dicho evento, porque él había estado presente y regresaba eufórico. Al finalizar el almuerzo y despedirme, me dijo algo así: *"Vas a un pueblo que habla aplaudiendo"*.

En Cuba escuché una expresión de uso popular que me llamó mucho la atención, el "por si acaso". Así aprendí a conocer la realidad cubana, y mientras más la conocía me percataba de mi tránsito desde el querer aprender hasta el descubrir en mí la necesidad de dejarme enseñar por la realidad. Lo más importante en este tiempo ha sido dejarme enseñar.

2. Nos habla de unos años en que a Cuba era difícil acceder como Religioso y extranjero...

En mi última visita a la Isla, en febrero de 1993, me entrevisté con el Dr. José Felipe Carneado, jefe en aquel momento de la Oficina de Asuntos Religiosos del Comité Central del Partido Comunista Cubano. Había desarrollado una buena relación con él y conversando le comenté: *"Acabo de hablar con el Sr.*

Nuncio, Monseñor Faustino Sainz, al que he manifestado mi deseo de venir a Cuba al finalizar mi servicio como provincial".

Sonriendo, hizo referencia al mal momento por mí elegido, pues se iniciaba el período especial, con muchas carencias en todos los campos. Yo también le devolví una sonrisa, a la vez que le entregaba una carta con la petición y le comenté: "Yo vengo, *pero es Dios quien me trae,* así se lo diré al nuevo Provincial que sea elegido".

Regresé en octubre de ese mismo año y lamentablemente Carneado ya había fallecido, pero en el despacho había quedado mi carta.

Todavía me siento profundamente agradecido a quienes hicieron posible que pudiese entrar el 15 de octubre de 1993. El viaje no se me hizo demasiado largo porque vine leyendo y tomando notas sobre el mensaje publicado por los Obispos de Cuba "El Amor todo lo espera" (8 de septiembre, 1993), puesto que me parecía un documento iluminado para el momento que Cuba estaba viviendo: *"Es necesario que abiertos a la realidad busquemos sinceramente la verdad con un corazón dispuesto a la comprensión y al diálogo. Un diálogo franco, creativo, libre… Un diálogo que pase por la misericordia, la amnistía, la reconciliación, como lo que quiere el Señor…".*

Al llegar estábamos en apagón, en pleno "período especial", y los jóvenes me regalaron una linternita que conservo como un sacramental, al tiempo que me dijeron: *"Padre, esto no alumbra mucho pero sirve para iluminar".* En estos veinticinco años de estancia en Cuba he visto a un pueblo caminar con la ilusión de ser formado, parafraseando a Martí, en *"una república con todos y para el bien de todos".*

En efecto, varios han sido los momentos que me ha tocado vivir junto a los cubanos y que han abierto las puertas hacia un futuro mejor; momentos que han servido para la expresión de ese cariño y afecto natural de los cubanos.

3. Y en medio de estos años la visita del Papa San Juan Pablo II...

La visita del Papa Juan Pablo II a la Isla y al Aula Magna de la Universidad de La Habana en el año 1998, como *"mensajero de la verdad y la esperanza"*, fue un hecho trascendental que dinamizó el sentir de los cubanos. Esto había sido precedido por tres años de preparación, en los que la Iglesia realizó una ingente labor evangelizadora alrededor de tres preguntas fundamentales: ¿Quién es María? ¿Quién es Jesús? ¿Quién es el Papa? Las respuestas permitían el encuentro del pueblo con la Iglesia, que se había lanzado a las calles tocando puerta por puerta, para que no quedase ningún cubano sin ser convocado al encuentro con Jesús y con el Papa.

Ochenta y seis fueron los laicos de nuestra comunidad de San Juan de Letrán, que colaboraron en esta labor. Fue un momento nuevo, impensado, sorprendente.

El mensaje de Su Santidad en cada sitio donde estuvo fue, ciertamente, un estímulo para toda la nación. Su visita a la Universidad de La Habana tocó muy de cerca a los dominicos en Cuba; yo estaba allí, escuchando y contemplando el escudo de la Universidad y de nuestra Orden, que se ha mantenido hasta hoy.

En su discurso el Papa nos dijo: *"Recuerden que la antorcha que aparece en el escudo de esta casa de estudios no es solo memoria de un pasado sino también proyecto de futuro"*.

Cuando llegué, me colocaron en primera fila, y al pedir que me colocasen más atrás, el jefe de protocolo puso la mano sobre mi hombro y me dijo: *"Padre Manuel, ¿no fueron los dominicos los fundadores de la Universidad? Usted se queda ahí, es el sitio que le corresponde por la historia, a su izquierda estará la Conferencia Episcopal y a la derecha, el Presidente del gobierno"*. Al final del encuentro el Papa se paró a saludarme.

El mensaje del Sumo Pontífice a los cubanos abría las puertas hacia el diálogo y la reconciliación, la paz y la concordia. *"Cuba, cuida a tu familia para que conserves sano tu corazón"*, tal era el llamado del Papa. Por otra parte, *"que el mundo se abra a Cuba y que Cuba se abra el mundo"*, apuntaba hacia el inicio de un camino nuevo. Se trataba de la apertura de mente y corazón para que Dios entre en nuestras vidas y nos haga más humanos y mejores cristianos.

Otro acontecimiento importante en este tiempo ha sido el recorrido de la Virgen de la Caridad (Mambisa) por toda la Isla: *"A Jesús por María. La Caridad nos une"*. Es decir, el camino para llegar a Jesús es a través de su madre. La Virgen de la Caridad no solo es símbolo de religiosidad en esta nación, es también signo de unión, de encuentro y de diálogo; los cubanos, ante la Virgen de la Caridad, se sienten hijos de una misma madre, creyentes y no creyentes se unieron para recibir a la Virgen en cada rincón del país. El recorrido de la imagen puso las bases para la llegada a La Habana del Papa Benedicto XVI, quien arribaba a Cuba como "peregrino de la Caridad".

Cuba es de los pocos países que ha tenido la dicha de ser visitado por los últimos tres pontífices. Han sido visitas significativas para la nación, algo nuevo está naciendo en esta patria que los Papas han querido acompañarnos. La visita del Papa Francisco, como "misionero de la misericordia", en la misa celebrada en la Plaza de la Revolución, recordó a todos los cubanos *"que quien no vive para servir, no sirve para vivir"*.

El camino iniciado ha estado marcado por el diálogo, por eso quisiera destacar como trascendental el restablecimiento de relaciones diplomáticas entre Cuba y EE.UU. La visita del presidente Barack Obama a La Habana junto a este proceso de conversaciones y restablecimiento de relaciones, ha despertado en los cubanos otra sensibilidad e ilusión por el futuro.

Mi misión como fraile predicador ha sido la de saber escuchar y acompañar a los cubanos para que mantengan viva la esperanza y proporcionar espacios de diálogo que permitan la reflexión y el acercamiento mutuo.

4. ¿Cómo puede definir su vida?

Mi vida en Cuba, ha sido una vida entre dos luces. Una luz es la comunidad de Letrán, donde he vivido, y la otra luz son las personas con las que me he encontrado. Vivir y encontrar articulan una misma historia, vivimos para encontrar y encontramos viviendo.

Venir a Cuba ha sido un regalo de Dios, que se confirmó especialmente hace nueve años, cuando pude celebrar mis cincuenta años como sacerdote con la comunidad de San Juan de Letrán, y me encontré con el templo lleno de personas creyentes, y de otros que dicen no creer, pero que son creíbles.

En ese momento pude percibir que este pueblo, que he acompañado, celebraba conmigo la fidelidad a mi ministerio, lo que ha sido una inconmensurable muestra del cariño de los cubanos. Nunca pensé lo que Cuba me iba a regalar a mí.

5. En ocasiones, la vida religiosa tiene el peligro de diluir su carisma y misión específica. En Cuba, los dominicos han apostado por adaptar la realidad al carisma y no al revés, como bien nos lo demuestra el Centro Fray Bartolomé de las Casas. Háblenos sobre cómo surge este proyecto.

"El carisma no es una reliquia para guardar en el relicario". Este criterio nos hace conscientes de la necesidad de comprender cuáles son los nuevos caminos de inculturación del carisma; no como reproducción del pasado sino como enraizamiento pleno en el origen, que ha de adaptarse a las condiciones del momento que vivimos y que sirve para dar sabor a lo que hacemos.

La Orden de Predicadores, a la que pertenezco, tiene una razón de ser en este mundo: "El anuncio de la Buena Nueva a todos los hombres". Los frailes en Cuba han tenido este ideal muy claro, desde su llegada a la Isla con el descubrimiento de América y lo que intentamos hacer hoy es mantenernos fieles a ese ideal dominicano allí donde nos encontremos.

El Centro y el Aula Fray Bartolomé de las Casas responden a nuestro ideal dominicano, ajustado a las condiciones actuales de la sociedad y a los nuevos modos de servir en la promoción de la persona humana.

Vivir en el propio tiempo nos obliga a un verdadero diálogo con el hombre. Fray Bartolomé de las Casas, hablando de la primera comunidad dominicana de La Española, ha dejado escrito que *aquellos frailes: "Viendo, mirando y considerando decidieron asumir el compromiso de atreverse a predicar el sermón..."* Un atrevimiento fue apostar por el hombre y la mujer de nuestro hoy. Apostamos por el pueblo, por la vida, porque abrir caminos de vida es más importante que condenar caminos de muerte.

Letrán ha sido una comunidad en camino, que ha ido descubriendo la "riqueza de la pobreza del no saber" y se ha sentido urgida a preguntar. Aquella mañana casi primaveral, la comunidad reflexionaba sobre lo que era y lo que hacía en esa hora que vivía Cuba y de repente surgieron los interrogantes de la reunión: "¿Lo que hacemos responde a lo que somos?, ¿podemos hacer algo que no hacemos aunque esto implique tener que dejar algo de lo que estamos haciendo?".

Aquí nos quedamos aquella mañana. Sentimos la necesidad de orar, discernir y tomar alguna decisión. Fue así como se creó un espacio de encuentro, reflexión y reconciliación: el Aula Fray Bartolomé de las Casas.

Después de la visita de Juan Pablo II, nos volvimos a preguntar en comunidad: "¿Podemos ofrecer algo más?". Nos quedaban los sótanos del convento, cerrados, sin luz y sin vida... y la comunidad tuvo el coraje de abrirlos a la luz, convirtiéndolos en el Centro Fr. Bartolomé de las Casas. Era septiembre del año 1998.

El Centro y el Aula son plataformas de formación y de diálogo, con el mundo universitario y con toda persona que ame y busque la verdad.

De esta manera, los dominicos en Cuba intentamos ejercer el servicio de acompañar al pueblo, desde el ministerio de la verdad, respondiendo a las preguntas que nos hacen los tiempos nuevos, tratamos de crear espacios de encuentro y diálogo con los que piensan diferente tanto política, religiosa, como socialmente. Apostamos por un horizonte nuevo que abra espacios para una sociedad mejor, que incluya a todos y en donde todos puedan ser partícipes y creadores de su propio destino.

La obra humana, el querer hacer y el hacerlo bien, supone ejercitarse en la sabiduría de estas cuatro máximas que en nuestra lengua inician con la misma consonante: "Providencia, Prudencia, Paciencia y Presencia (cercanía)". En ellas está la clave para el camino.

6. ¿En qué consiste el microclima de Letrán?

En Puebla de los Ángeles (México), unos jóvenes con el Síndrome de Down me hicieron un regalo muy original: un cuadro con diversos colores titulado "El cuadrado perfecto", donde la suma de las diferencias hace un todo.

Desde entonces, el año 2012, lo tengo en mi despacho, y pienso que así es Letrán.

Cuando nos referimos al microclima de Letrán estamos hablando de la convergencia de cuatro espacios de predicación, distintos entre sí pero complementarios en sus objetivos. Por una parte el Aula de conferencias, por otra el Centro de Estudios, la Biblioteca-fonoteca Santo Tomás de Aquino y por último, el Convento y el templo.

En efecto, esto hace que Letrán genere un microclima propio. La armonía de nuestros claustros combina diálogo y estudio, reflexión y oración. Su microclima particular ofrece una acogida respetuosa y cálida, cercanía y exigencia a la hora de aprender, contrastes de criterios y puntos de vistas distintos. Su filosofía consiste en la promoción de la persona humana a través de la formación en valores.

Es una alegría para mí, después de todos estos años (estamos celebrando los veinte de su fundación), ver a este proyecto continuar su camino, siendo ahora el rector un fraile cubano, y cubanas son las personas comprometidas con su desarrollo.

En estos momentos el Centro tiene alumnos matriculados en los diversos cursos que se ofrecen: Idiomas, Diseño gráfico, Marketing publicitario, Microsoft office 2010, Photoshop y Flash cs5, Diplomados de Filosofía, Teología, Humanismo y Sociedad. También trabajamos en el proyecto de Formación Integral de Adolescentes (FIA).

Creo que en Cuba hay mucho que trabajar, pero recuerdo en esto a Martí: "Cuando hay mucho que hacer, hay que cuidarse de no hacer mucho".

7. Los que le conocemos podemos definirlo como dominico fiel, feliz y fecundo. ¿Qué caminos piensa debe recorrer la vida religiosa de hoy para de verdad ser significativa, fiel, feliz y fecunda?

La vida religiosa en Cuba es una semilla que está diseminada por todos los rincones de la Isla, muchas y muy variadas son las congregaciones que han venido a realizar su labor evangelizadora y misionera, es interesante que en pueblos muy alejados de las grandes ciudades se encuentra la vida religiosa prestando un servicio significativo, lo cual nos hace ver que los religiosos en Cuba han hecho una opción por estar en las periferias, como nos pide el Papa Francisco. Pienso que es importante que nos situemos en esta perspectiva.

La vida religiosa en Cuba está llamada a hacer un camino de evangelización y acompañamiento. Esto supone aterrizar, observar y escuchar mucho el sentir, el ser y el hacer de los cubanos, para luego intentar presentar el Evangelio de tal manera que pueda ser acogido.

Insisto en que se requiere tiempo y mucha capacidad de escucha, es imposible hacer las cosas con prisas. Se necesita cercanía, paciencia, tolerancia, diálogo, reflexión y todo esto supone un proceso que nos ayude a discernir qué es lo mejor que podemos ofrecer a nuestro pueblo.

Yo, cuando pienso en San Juan de Letrán, siento acudir a mi memoria uno de los versos de Eliseo Diego, que con sintética expresión de criolla fineza me sirve para referirme a este sitio del Vedado como aquel en el que *tan bien se está*. En el que *tan bien* he estado y sigo estando, y en el que *tan bien* se sienten y *tan bien* están los estudiantes y profesores del Centro Fray "Bartolomé de las Casas".

32. SAN JUAN DE LETRAN: LUGAR DE ENCUENTRO DE DOS MUNDOS

Conversamos con Fr. Manuel Uña Fernández, en su convento de San Juan de Letrán, situado en el corazón del Vedado habanero.

- El recién elegido Maestro de la Orden, Fr. Gerard Timoner, subraya la importancia de la misión y de la comunión, ¿qué resonancias suscita esta elección y este "énfasis" de sus palabras en usted, fraile dominico con largos años de experiencia?

No es fácil poder decir más ni mejor en tan pocas palabras. Sabio es el consejo que le dio Fr. Bruno, Maestro saliente: **"Ser Maestro de la Orden es, para ti, permanecer siendo "hermano Gerardo", aunque tu ministerio sea SER DOMINGO para la Orden, en los próximos nueve años y ayudar a construir la comunión de la Iglesia".**

Todo un reto: ser Domingo sin dejar de ser la persona que Dios Padre creó; sin dejar de ser uno y **asumir vivir en armonía con su misión de servir a los hermanos.**

- "Misión no es lo que hacemos sino lo que somos." ¿Qué significa en lo concreto la conciencia de "ser misión"?

El carisma fundacional de la predicación, sin ser una reliquia para guardar en un relicario, es algo sagrado, que necesitamos cuidar para que no se desale; al mismo tiempo que recrear y desarrollar en el hoy, en el ahora y aquí. Todo un reto apasionante. **No nos podemos contentar con repetir hoy lo que se hizo ayer y hacerlo de la misma manera.**

Fuimos fundados para predicar, y la predicación es el corazón y el centro de nuestra legislación. Me emociona recordar al obispo Fulco que clarividente afirmó: *"Instituimos como hombres Predicadores en nuestra diócesis a Fr. Domingo y sus compañeros. Dado en Roma el año de la Encarnación de 1215"*. El Papa Honorio III, un 22 de diciembre de 1216, nos aprueba y confirma a nivel de Iglesia universal.

Ser predicadores y ser predicación en acto. Lo que somos precede a lo que hacemos. La vida del fraile quiere ser toda ella predicación y, por ello, **uno mismo se convierte en voz.** El predicador presta su voz a la Palabra, y con su vida trata de ser la voz que testimonia la Palabra.

Domingo, maestro de predicadores, tuvo un solo objetivo: la salvación de las almas; un solo ministerio: el ministerio de la predicación; un solo modelo de predicación: la predicación desde la comunidad de vida apostólica que vive en pobreza evangélica. Estos son los fundamentos de la Orden de Predicadores.

- "Servir a la Iglesia con aquello que somos, una comunión de hermanos"...

Nuestro carisma es la **integración entre misión y comunión. La comunión marca la misión y la misión marca la comunión. La originalidad de nuestra predicación** proviene de la **originalidad de nuestra comunión** tan rica y compleja; del hecho de que lo que decimos, y lo que vivimos, es fruto de la experiencia de nuestros hermanos, de nuestro modo de comprender y vivir las bienaventuranzas y consejos evangélicos, de nuestra oración común y personal, de nuestro modo de reflexionar.

Debemos predicar "desde **la abundancia de la comunión".** La palabra de Dios que anunciamos, debe ser una palabra vivida, compartida y celebrada en comunidad. Estamos llamados a predicar desde la abundancia de la contemplación, pero **convencidos de que la contemplación es fruto de la comunión** que debe integrar toda nuestra experiencia personal de oración, de estudio, de vida evangélica, de relación con los hermanos.

Es una fecundación recíproca. La Orden llegó a América como comunidad y en comunidad, trayendo consigo el gran tesoro de "los libros". Los frailes dan testimonio de la predicación de la Orden, que es una predicación sostenida y alentada por la comunidad, testimoniada con una vida fraterna que es en sí misma, predicación.

- ¿Qué presupone construir comunión?

Creer en cada persona, respetarla. Recuerdo que hace bastantes años leí un libro de Karl Rogers que me fue muy útil, titulado: "El proceso de convertirse en persona".

Hay que conocer el arte de crecer como persona, ya que **sin 'persona' no hay comunidad.** Somos seres en relación y en la medida en que nos comunicamos, nos escuchamos, nos vamos conociendo, comprendiendo y aceptando.

- Hoy, ¿qué testimonio de comunión es creíble?

El de la **sencillez,** la **autenticidad, el compromiso** y la **cercanía.** Comunidades que tengan las puertas abiertas y sin temor, para que puedan invitar y pronunciar las palabras de Jesús: *"Vengan y vean"*[83].

El testimonio de personas que estén convencidas de lo que son, comprometidas con lo que hacen y que no se desentiendan de la realidad donde viven. Comunidades dispuestas a compartir lo que experimentan, tienen y hacen. Que **sin la obsesión** *ejemplarista,* **sean, en palabras del educador cubano José de la Luz y Caballero,** "un evangelio vivo"[84].

- Nos ha hablado de la misión, la comunión, ¿y la Verdad?

---

[83] Jn 1,39.
[84] Cf. DE LA LUZ Y CABALLERO, J., *Aforismos,* Edición de la Universidad de La Habana, 1945.

La verdad es nuestra pasión. La verdad que buscamos y que al mismo tiempo nos busca, remite también a un estilo de vida, de acuerdo con el *espíritu de la verdad*[85].

El espíritu de amor y servicio a la verdad es el camino espiritual dominicano para encontrar a Dios. El estilo de vida inspirado por el lema 'Veritas' es una curiosa y fecunda combinación de **apertura y seguridad.** Sin apertura no hay contacto ni verdadero encuentro y sin seguridad no puede haber orientación, dirección y sentido.

Se nos ha dicho que **el primer objetivo frente a la verdad no es definirla teóricamente, es buscarla, descubrirla, contemplarla y transmitirla.** La verdad no es patrimonio de nadie; quien la encuentra tiene el deber de comunicarla sin envidia. **Es patrimonio de la humanidad.** Hay cultura cristiana y cultura pagana, pero no hay una verdad cristiana y otra pagana.

- En otros tiempos la identidad de la Vida Consagrada se entendía como "fuga mundi", sin embargo hoy somos conscientes de que la Vida Consagrada es una profesión permanente de Alianza, de amor en todas las direcciones, de "escucha de la realidad". ¿Cómo viven este "relato" los dominicos en Cuba?

Los dominicos sentimos el compromiso de estar siempre atentos a los signos de los tiempos, como Santo Domingo, que supo distinguir lo que estaba naciendo de lo que estaba muriendo.

En Cuba nuestra mirada se ha dirigido a lo que es germinal, a lo que está brotando. No una verdad idealista que permanece infecunda en el mundo de las ideas, sino una verdad histórica, **la verdad de Dios, la verdad del hombre, la verdad del mundo.**

---

[85] Jn 4,23.

Se ha dicho que, **abrir caminos de vida es más importante que condenar caminos de muerte** y hemos apostado por la vida.

"La Orden siempre ha cultivado y manifestado una profunda simpatía por todo **lo divino que hay en lo humano,** *y ha permanecido abierta y proyectada hacia un diálogo sincero, profundo y comprometido para buscar la Verdad plena a través de la verdad que hay en cada cosa, en cada acontecimiento, en cada grupo, en cada persona, en cada tendencia o movimiento filosófico y científico".*

Este saber **mirar y ver lo que acontece en nuestro entorno,** fue lo que hizo que Nuestro Padre Santo Domingo y nuestros mayores, experimentasen un golpe fuerte de compasión por lo que sus ojos estaban contemplando.

A propósito de mi actual cercanía antillana, deseo nombrar los tres verbos de la comunidad de La Española y que nos recuerda Fr. Bartolomé de las Casas: *"**Viendo, mirando y considerando** lo que veían sus ojos, se despierta y aflora en ellos una compasión reactiva". "La mística de la compasión es una mística de ojos abiertos, de visibilidad, porque nos abre los ojos para ver al otro, para descubrir, que está ahí caído y abandonado al lado del camino. Cerrar los ojos y no ser capaz de ver lo que tengo a mi lado es el comienzo de la deshumanización".*

- El año pasado le fue otorgada la Orden de Isabel la Católica en la categoría de Encomienda; esta distinción nos hace pensar en "lo mejor del alma castellana" que corre por sus venas y las semillas que como dominico ha lanzado en los surcos de Cuba. ¿Qué siente ha sido lo mejor que ha dado y lo mejor que ha recibido?

Haber creído en las personas. Lo mejor es amar a todos sin diferencia de credos o ideologías. Haber descubierto que Dios me ha traído para dejarme enseñar. Siento que la escucha es el mejor regalo que he podido ofrecer. **Le haría un**

monumento al estetoscopio... Haber podido decir y exponer mi pensamiento, sin querer presionar ni convencer a nadie.

Después de veinte años **del Centro Fray Bartolomé de las Casas,** siento que el pueblo cubano cree en la obra que los dominicos hemos hecho posible en Letrán.

Soy consciente del acompañamiento de la Providencia en este largo y no fácil camino, en el que las autoridades han podido captar nuestra actitud de servicio hacia todos. El centro "Fray Bartolomé de las Casas", y también la Iglesia cubana, ha ganado espacios de formación por el respeto, la seriedad y la calidad de la enseñanza complementaria.

Si bien **caminamos sobre el filo de la navaja** -como alguien me ha dicho- también puedo afirmar que nuestros proyectos no han sido denegados.

Es el momento de reconocer y agradecer a aquellos que, sin haber estado de acuerdo, nos han dejado hacer nuestra labor, así como a quienes fueron capaces de transformar las "barreras" en "puentes", renovando nuestra certeza de que *"Los sueños parecen al principio imposibles, luego improbables, y luego, cuando nos comprometemos, se vuelven inevitables"* (Mahatma Gandhi).

33. ANIVERSARIO 293 FUNDACIÓN DE LA UNIVERSIDAD DE LA HABANA

Entrevista realizada por Marina Menéndez

El 5 de enero de 2021 el Aula Magna de la Universidad de La Habana acogió las celebraciones por el 293 Aniversario de la fundación de esta Casa de Altos Estudios. El acto conmemorativo fue presidido por el Dr. José Ramón Saborido, Ministro de Educación Superior, la Dra. Miriam Nicado, Rectora de la UH y otros miembros de la dirección. Además, estuvieron presentes el Dr. Félix Julio Alfonso, Coordinador asistente del Colegio Universitario San Gerónimo; Javier Leal, hijo del Dr. Eusebio Leal, los frailes dominicos, profesores, alumnos y otros invitados. Con el fin de rememorar la fundación de la Real y Pontificia Universidad de San Gerónimo de La Habana, efectuada por la Orden de Santo Domingo, Fr. Manuel Uña Fernández, O.P. ofreció una Conferencia Magistral titulada: "Nos diste a beber el agua de la sabiduría". Sus primeras palabras fueron de reconocimiento al Dr. Eusebio Leal q.e.p.d., por haberlo invitado el año pasado a dictar la conferencia, y a su incansable labor para hacer de La Habana un espacio embellecido y humanizado.

Asimismo, efectuó un recorrido por la historia pasada y presente. Destacó el papel de la Orden de Predicadores en la búsqueda de la verdad y en su misión de enseñar los caminos para hallarla.

Los medios de información han dedicado gran cobertura a este significativo evento, por lo que nos acercamos a Fr. Manuel Uña, con el deseo de ahondar en sus palabras. En esta ocasión también podemos expresar que fueron reveladoras de su "sentir la Universidad de La Habana con espíritu dominicano".

1.- Recordar las labores de los frailes fundadores de la Universidad de La Habana.

El verbo "recordar", en este momento, trae a mi memoria el nombre de un catedrático de la Universidad de Salamanca, reconocido internacionalmente, admirado en España por su decisión de buscar personas con visión de futuro, el Dr. Joaquín Ruiz Jiménez, laico dominico y buen amigo mío. El 28 de enero del año 2000 lo invitamos para que dictara una conferencia en nuestra aula Fr. Bartolomé de las Casas, y nos decía: *"Cuando se llega, merced a la Providencia del Señor, a la octava generación del recorrido vital, importa conjugar con sencillez algunos verbos: **recordar**, **agradecer** y **recrear"**. Hago propia esta "conjugación verbal" para responder a su pregunta.

Ante todo, **recordar**, lo que no es fácil, pues como diría Antonio Machado: *"Guardo la emoción de las cosas, pero hay muchas lagunas en mi memoria"*. Muchas emociones se me agolpan en el recuerdo cordial.

Este año 2021 celebramos los Ochocientos años del fallecimiento de nuestro fundador, Santo Domingo de Guzmán. Hombre movido por el Espíritu y apasionado por la verdad, evangelizador incansable, dispuesto siempre a cruzar las fronteras de las culturas o aquellas impuestas por las inevitables diferencias entre los seres humanos.

Lo segundo que deseo recordar es la llegada de los primeros frailes dominicos a Cuba en abril de 1515. Y lo tercero, la fundación de la Real y Pontificia Universidad de San Gerónimo de La Habana, el 5 de enero de 1728.

Paso al verbo **agradecer**, con la intuición martiana de que *"ha de saberse lo que fue, porque lo que fue está en lo que es"*. En Cuba la presencia de la Orden ha sido decisiva, como se demuestra en el hecho de que muchas páginas de la historia cubana fueron escritas por dominicos, y algunas de las más notables es ya imposible separarlas del pensamiento cubano.

La comunidad del viejo San Juan de Letrán ubicada entre las calles O'Reilly y Mercaderes, fue cuna y semillero de creatividad y audacia, donde se formaron en su pensamiento cristiano nuestros primeros científicos, literatos, grandes profesores y médicos de talla universal, así como los primeros ideólogos de los derechos y las inquietudes del joven pueblo cubano. Ellos fueron portadores de ideas que superaron la propia universidad y lucharon por ir más allá de lo que habían aprendido.

Los frailes predicadores sabemos que hemos de **recrear** el carisma que nos ha sido dado, para que la memoria presente pueda abrir las puertas a un mañana renovado.

2.- ¿Cómo se mantiene en Cuba su compromiso con la Ilustración? Actualizar cómo es el trabajo del Centro hoy.

La Ilustración fue un movimiento cultural e intelectual, se denominó de este modo por su declarada finalidad de disipar las tinieblas de la ignorancia de la humanidad mediante las luces del conocimiento y la razón, caracterizándose por la pluralidad y la tolerancia.

En la actualidad, para nosotros los creyentes, la fe y la razón son como dos alas en las que el espíritu humano se eleva hacia la contemplación de la verdad (Cf. "Fides et Ratio"). La Orden de predicadores, que desde sus orígenes fue fundada para el estudio y tiene entre sus santos a grandes figuras del pensamiento universal como Alberto Magno y Tomás de Aquino, encuentra en los centros educativos un espacio de razón y fe. Allí donde se produce el conocimiento y la investigación, están las posibilidades de desarrollo de lo humano.

"Fue en la primavera del año 1994", unos años antes de aquella inolvidable visita en la que el verbo "abrir" sería grito fundamental, cuando los frailes dominicos, movidos por un sueño comunitario, decidimos abrir un espacio que fuese lugar de encuentro, reflexión y diálogo para todos los cubanos.

El 30 de marzo de 1995 se dictó en el aula Fr. Bartolomé de las Casas del nuevo San Juan de Letrán, en el Vedado, la primera conferencia. Era la primera, fue primera y fue profética, nos atrevimos a abrir caminos de vida, de encuentro, de reconciliación y diálogo en nuestra Cuba, convencidos de que *"vivir en el propio tiempo nos obligaba a un verdadero diálogo con el hombre"*.

Y desde entonces, el areópago de nuestra Aula se vio enriquecido con una verdadera sinfonía de pensamientos y voces, de las más variadas ideologías y creencias. La rica experiencia del Aula hizo que en el año 1998 abriéramos un espacio mayor, el centro Fr. Bartolomé de las Casas, en el que hemos ofertado a la comunidad estudiosa de La Habana, un lugar propio para el provecho y deleite de la lectura y la reflexión.

En nuestra casa se ha cultivado desde el primer momento el lenguaje del amor y la verdad, del respeto y del diálogo; se han estimado las convicciones ajenas, también el amplio abanico de tradiciones culturales y religiosas. Por haber creído en el hombre y en la mujer cubanos, nos hemos sentido respetados y hechos creíbles para todos los estamentos sociales. Es lo que ha creado el "microclima de Letrán", que tanto valoran los que aquí llegan. En palabras del Dr. Fernández Retamar, de feliz memoria, Letrán es lugar de encuentro de "dos mundos".

En estos momentos, el número de alumnos supera a los mil y como podemos leer en la portada de la página web del centro, ya son más de veinte años arrojando luz sobre nuestro pueblo. Una luz que no se ha hecho mortecina gracias al empeño de su Rector y demás miembros de la dirección, quienes han sido capaces de adaptarse a las nuevas circunstancias de las personas y de los tiempos, actualizando los métodos y las formas.

3.- *Actualizar los años que lleva en Cuba.*

Hoy se habla de la cultura de la memoria histórica: *"Nunca se avanza sin memoria, no se evoluciona sin una memoria íntegra y luminosa"* (Papa Francisco, Fratelli Tutti 249). Actualizar significa entretejer lo pasado con lo presente, conscientes de que la vida se define no por el tiempo que pasa sino por la calidad de los encuentros, de los vínculos que establecemos.

Como usted bien sabe yo vine de lejos, pero después de unos meses en La Habana, fui descubriendo la necesidad de conocer mejor a las personas y la realidad que tenía delante. Para eso, necesité limpiar mis cristalinos y acercarme a ellas con una mirada "sin estrenar". Tomé la determinación de algo que me ha resultado muy valioso: dejarme enseñar que es tan importante como el querer aprender, dosificar las relaciones, dando tiempo a la escucha atenta y sosegada. Esto me ha ayudado a no querer correr tras la vida y aprender a comunicarme con lo nuevo que encuentro en el camino.

Recrear ha sido mi verbo preferido, no repetir ni repetirme, sino "renacer" actualizando la vida. Esta urgencia que sentí de acercarme más y mejor a las personas dio paso a la creación del Aula y del Centro. Fue un sueño comunitario que, "paso a paso y respetando el propio paso", se hizo realidad. Los hermanos de entonces: Fr. José Manuel Fernández, Fr. Luis Muñoz, Fr. Antonio Bendito, Fr. Pedro Román y un servidor, acogimos las diferencias, la pluralidad de tonalidades y matices humanos, sorprendiéndonos al constatar cómo el diálogo abre las puertas de la confianza, del respeto, de la mutua valoración.

No podemos hacer hoy lo que hizo la comunidad del viejo San Juan de Letrán en el año 1728, ni lo que hicimos los frailes del nuevo San Juan de Letrán del Vedado en 1994. Las de hoy son realidades nuevas, maneras nuevas, que reclaman un lenguaje nuevo para un momento nuevo.

Le pido al Señor no permita que envejezca recordando otros tiempos, sino que sepa abrazar el pasado y sin adherencias abrirme al presente, para continuar arando los surcos donde pueda germinar el futuro. Futuro que quizás no vea con los ojos del cuerpo, pero sí intuir y disfrutar con los del alma.

4.- ¿Cómo se sintió siendo heredero de sus predecesores que fundaron la Universidad de La Habana y continuador de su obra en este importante aniversario y en un lugar emblemático?

Me sentí agradecido por pertenecer a la Orden de Predicadores, heredero de su espíritu evangelizador. Es la Orden que me ha formado, ayudándome a ser una persona abierta, con una visión positiva del mundo que me ha tocado vivir.

Y es la Orden la que después de terminar mi servicio como Provincial, me envió a Cuba, en unas circunstancias muy específicas. Me fascinan las palabras de mi hermano Fr. Timothy Radcliffe: *"Necesitamos sentirnos a gusto en el tiempo, y también necesitamos vivir dentro de una historia que abarca el pasado y el futuro. Construimos un hogar con las historias de nuestros antepasados y nos sentimos a gusto cuando compartimos la esperanza en el futuro"*[86].

Experimenté gratitud por lo que se me había confiado y porque habían confiado en mí. Por el aprecio del Dr. Eusebio Leal, q.e.p.d., extendido en el Dr. Félix Julio, quien hizo realidad su deseo. Gratitud por la deferencia que me mostraron el Sr. Ministro de Educación, la Rectora de la Universidad y todo el auditorio allí presente. Gratitud a mis hermanos dominicos que me acompañaron, conscientes de que en mi palabra también estaba la de ellos.

Estoy contento con mi suerte, estoy encantado con mi vocación, con la edad que tengo, con estar en Cuba y con vivir este momento. ¡Para estar desencantado no nací!

Me sentí responsable de ser hijo de la familia de los Predicadores que ha escrito páginas tan gloriosas, también en Cuba, y que continúa en el empeño para que la historia por construir sea igual de digna y hermosa.

---

[86] RADCLIFFE, T., *Pasión por Cristo, pasión por la humanidad*, Publicaciones Claretianas, Madrid 2004.

Advertí la urgencia y la conveniencia de compartir con todos cuánto precisamos de una visión integradora de las diferencias. Al mismo tiempo era lo que estaba contemplando allí, en el aula.

Regresé a casa impresionado por la respuesta del auditorio tan selecto, por la presencia de tantas personas que no disimularon su respeto y su acogida.

5.- Labores que desempeña hoy.

Ayer una persona me preguntó cuántos años tenía y me acordé de cómo José Saramago había contestado a esta misma pregunta: *"¡No quiero pensar en eso!, tengo la edad en que las cosas se miran con más calma... pero con interés de seguir creciendo... Qué importa cuántos años tengo o cuántos espero, si con los años que tengo, ¡aprendí a querer lo necesario y a tomar, solo lo bueno!"*

Mi misión hoy es vivir con lucidez esta hora y cerrar bien una etapa muy importante de mi vida. A los ochenta y cinco años me encuentro dando el paso desde el trabajar y el mucho hacer al dejar de hacer, dejar hacer y como creyente, dejarle a Dios hacer su obra en mí. Siento la llamada a escucharme, recogiéndome en mí mismo, para ser cada día mejor persona.

Solo así puedo ofrecer el servicio de la escucha gratuita, respetuosa y accesible para todos. Cuánto se aprende en esta tarea, que posibilita la empatía, el diálogo, el reconocimiento del otro más allá de sus condicionamientos culturales o ideológicos. ¡Le haría un monumento al estetoscopio!

Escuchar me compromete a acompañar a las personas en su propio camino humano y espiritual. Caminar cerca de todos, aprendiendo el lenguaje de los más jóvenes que me ayudan a no envejecer demasiado pronto, de los más débiles que me enseñan a ser agradecido, de los no creyentes que me muestran lo imprescindible que es ser creíble.

Mi misión de hoy no es retroceder al pasado para auto complacerme, sino continuar dando lo mejor de mí mismo. Es tiempo de abandonarme en las manos de Dios Padre que me creó y me recrea cada día. Es la hora de ser como el pan bueno que se parte, se reparte y se comparte sin prisas, sembrando la esperanza.

Epílogo

Concluyen las páginas de este libro, que nos ha regalado no solo la voz de un predicador infatigable, sino también la urdimbre de su experiencia como sembrador del bien y de la verdad.

Recopilar estos escritos, realizados en diversas fechas y lugares, ha sido una labor artesanal. Más que con simples reflexiones, nos encontramos con la espiritualidad que las anima. Porque no son palabras dichas a medias, ni medias verdades, constituyen el testimonio vivo de una existencia entregada al servicio, a la escucha, a la siembra discreta y perseverante del Evangelio.

En varias ocasiones ha resonado en mis oídos la frase: "Las palabras llegan al mismo lugar desde donde salen". Por eso, quienes conocemos a Fr. Manuel Uña admiramos su capacidad para hablar desde el corazón y llegar hasta el corazón de las personas. No de unos pocos, sino de muchos, porque cuando se integran las diferencias, sin excluir a nadie, los horizontes se expanden y el bien se multiplica de una forma increíble.

Las páginas de este libro se cierran y se abre la posibilidad de iniciar un diálogo hacia el propio interior. La palabra que se regala no se agota en sí misma, es como lluvia que empapa la tierra y crea las condiciones para que cada uno la acoja y permita que en su corazón nazcan los frutos.

Gracias, Fr. Manuel, por regalarnos tus palabras y toda tu vida. En tus gestos sencillos, en tu escucha paciente, en tu mirada que dignifica, en tu inolvidable sonrisa, hemos descubierto que la fe no se impone, se ofrece; que la palabra no se grita, se susurra con bondad.

Que esta obra, reflejo de tu andar humilde y fecundo, sea luz para quienes buscan sentido, y descanso para quienes necesitan sentirse acogidos con misericordia.

Sor Indira González Shoda, S. de M.